FAMÍLIAS,
amo vocês

Luc Ferry

FAMÍLIAS, amo vocês

POLÍTICA E VIDA PRIVADA
NA ERA DA GLOBALIZAÇÃO

Tradução
Jorge Bastos

Copyright © XO Éditions, 2007

Todos os direitos desta edição reservados à
EDITORA OBJETIVA LTDA. Rua Cosme Velho, 103
Rio de Janeiro — RJ — CEP: 22241-090
Tel.: (21) 2199-7824 — Fax: (21) 2199-7825
www.objetiva.com.br

Título original
Familles, je vous aime

Capa
Andrea Vilela de Almeida

Imagem de capa
© Greg Pease/Stone/Getty Images

Revisão
Isa Laxe
Leandro Salgueirinho
Rita Godoy

Editoração eletrônica
Abreu's System

CIP-BRASIL. CATALOGAÇÃO-NA-FONTE
SINDICATO NACIONAL DOS EDITORES DE LIVROS, RJ
F456f

    Ferry, Luc
        Famílias, amo vocês : política e vida privada na época da globalização / Luc
    Ferry ; tradução Jorge Bastos. - Rio de Janeiro : Objetiva, 2008.

    141p.   ISBN 978-85-7302-891-1
    Tradução de: *Familles, je vous aime : politique et la vie privée à l'âge de la
mondialisation*

        1. Família - Filosofia. 2. Vida familiar - Século XX. 3. Relações humanas
    - Século XX. 4. Civilização moderna - Século XX. I. Título.

08-1586.   CDD: 306.85
                           CDU: 316.812

Para Gabrielle, Louise e Clara.

Sumário

Prefácio: A desculpabilização do medo
e as suas origens 9

I. Um século de desconstrução: O "crepúsculo dos ídolos" e o fim dos grandes objetivos 25
A crítica nietzschiana dos valores como modelo de todas as desconstruções, ou como a contracultura preparou a vitória da globalização liberal 29
Da desconstrução do niilismo à crítica da alienação 34

II. Frente à desapropriação democrática: Grandezas e misérias da globalização capitalista 41
A "sociedade do risco" e o declínio do Estado-nação 47
Um declínio da lei que vem acompanhada, porém, de uma verdadeira proliferação dos "direitos a..." 53
Diante do liberalismo: mitos e realidades da "sociedade bloqueada" 57
Nas origens liberais do ódio pelo liberalismo: o ponto cego da direita 61
As contradições culturais do "homem de direita": tradicionalista em sua moral privada e fanático por inovação externa 64

III. A sagração da intimidade ou o nascimento de um novo humanismo 73
A história da família moderna como verdadeiro vetor de emergência de novas imagens do sentido 76

Humanização do divino e divinização do humano, ou como passar de transcendências "verticais" para transcendências "horizontais" 92

A transcendência na imanência ou o coletivo enraizado no individual 97

IV. O QUE FAZER? Como a história da vida privada reinventou o coletivo 103

Grandeza da vida privada: a vitória das famílias sobre a razão de Estado 105

Uma revolução silenciosa que obriga a repensar os programas políticos 113

O longínquo a serviço do próximo: a integração da Turquia e a assimilação da dívida 120

O lancinante problema da redução da dívida 126

CONCLUSÃO: O gênio europeu 131

PREFÁCIO

A desculpabilização do medo
e as suas origens

"Famílias! Como as odeio! Casas fechadas; portas trancadas; apropriação mesquinha da felicidade."
ANDRÉ GIDE, *Les nourritures terrestres.*

Comecemos por uma constatação banal e generalizada: o medo se tornou uma das paixões dominantes das sociedades democráticas.

Na verdade, temos medo de tudo: da velocidade, do álcool, do tabaco, da costela de boi, das transferências de mão-de-obra, dos organismos geneticamente modificados (OGM), do efeito estufa, do frango, dos microondas, do dumping social, da precariedade, da Turquia, do presidente americano, da extrema-direita, das periferias, da globalização et cetera e tal. A cada ano um medo novo se soma aos antigos — aposto, sem medo de perder, que em breve será a vez da nanotecnologia, utilizada na fabricação dos filtros solares — de forma que assistimos a uma verdadeira proliferação da angústia. Quanto a mim, confesso que comecei a ficar preocupado quando vi, na França de 2003, organizações de jovens fazendo

Famílias, amo vocês

manifestações pela... defesa das suas aposentadorias! No meu caso, isso era ainda mais assustador, uma vez que o governo, do qual eu era ministro da Educação, tinha um só objetivo: salvá-los. É algo, aliás, bem simples e não deveria ter escapado a ninguém: com a atual extensão da vida humana, era preciso, para continuar pagando a pensão dos mais velhos, aumentar o período de cotização, ou aumentar os impostos, ou as duas coisas. Mas, exceto pela opção de transferir integralmente o peso do financiamento dos idosos para as gerações futuras, estávamos obrigados a agir de alguma forma. No entanto, foram justamente os jovens, ou pelo menos suas organizações supostamente representativas, que tomaram as ruas...

Para além do lado irracional da reação, havia ali, para alguém que, como eu, começou os estudos universitários em 1968, uma conotação francamente surpreendente. Os jovens da minha geração, sem dúvida, podiam se manifestar pratica-mente contra tudo, fosse absurdo ou não — do amor livre à sociedade sem Estado, sem esquecer, *en passant*, o direito ao ócio —, mas não pela garantia das próprias aposentadorias. Da extrema-direita à extrema-esquerda, nem em sonho a idéia atravessaria o espírito de qualquer indivíduo com menos de 40 anos. Não estou dizendo que fosse melhor e em nada idealizo os anos 1960: o fascínio por Mao ou por Fidel era algo no mínimo ingênuo e, no final das contas, a juventude de hoje, tão ecologicamente correta e pró-Direitos Huma-nos, corre menos riscos de se perder no caminho do que a da minha época. Estou dizendo apenas que algo mudou. E tento entender o quê.

Segundo choque: quando uma parte das organizações estudantis resolveu fazer passeata contra o LMD — licen-ciatura, mestrado, doutorado —, ou seja, traduzindo às claras o jargão administrativo contra a harmonização dos

Prefácio

diplomas universitários europeus. Aquela medida, no entanto, permitia que qualquer estudante, desejoso de abrir seu espírito, começasse, por exemplo, a estudar em Paris e continuasse em Roma, Madri ou Berlim, indo terminar em Toulouse, se quisesse, sem nada perder do ano letivo com os períodos passados fora do país. Abria-se uma oportunidade formidável que objetivamente só apresentava vantagens, sem o menor inconveniente. O caso era tão extraordinário que nos levava a tentar entender o que, mais uma vez, podia motivar a hostilidade das organizações estudantis de esquerda e de extrema-esquerda.

Resposta: o medo. O medo, precisamente, do alargamento dos horizontes, é claro; e essa resposta, sem dúvida, está correta. Mas não explica tudo. O que mais temiam nossos ancestrais gauleses era que "o céu lhes caísse sobre a cabeça", mas, de maneira geral, o medo do desconhecido, da mudança, certamente é a coisa mais antiga e generalizada do mundo. Não era essa, então, a novidade. *O fato inédito não era o medo como tal, mas o fato de as nossas sociedades, cada vez mais, tenderem a desculpabilizá-lo, tornando-o uma paixão positiva, um ingrediente de prudência e até mesmo de sabedoria.* De forma mais simples: às crianças da minha geração ensinava-se que o medo era um sentimento mais ou menos vergonhoso e que, essencialmente, tornar-se adulto consistia em superar os próprios medos. Na escola e em casa, repetia-se freqüentemente que "menino grande não deve ter medo". Ser "grande" era deixar de ter medo do escuro, ter coragem de sair da proximidade dos pais para viajar, ou para defender alguém mais fraco, que fosse agredido no trem ou no metrô... Ou seja, o medo era visto como algo essencialmente negativo. No final do século XX, porém, na junção do pacifismo com a ecologia radical, assistiu-se a uma completa

Famílias, amo vocês

reviravolta dessa perspectiva: deixando de ser um sentimento infantil e um tanto miserável, o medo, como disse o filósofo alemão Hans Jonas, ganhou uma função "heurística", isto é, o status de poderoso meio de descoberta, um fator não só de prudência, mas também de conhecimento. De acordo com essa nova ideologia, é graças ao medo que temos consciência de o mundo estar ameaçado pelo desenvolvimento industrial moderno, e por isso também nos tornamos, como foi o caso de tantos jovens na Alemanha dos anos 1970, "militantes da paz", animados pelo famoso slogan *lieber rot als tod*", "melhor vermelho do que morto"...* Quando os valores transcendentes acabam, apenas as exigências da vida se impõem a nós e têm prioridade sobre qualquer outra consideração. A partir disso, a desculpabilização do medo não parou mais de "progredir", a ponto de esse sentimento, antigamente desconsiderado, ter ganho a posição de eminente paixão política. Hoje em dia a angústia não causa vergonha, sendo, inclusive, exibida. Nos dois anos em que fui ministro — digo isso sem qualquer ironia nem exagero — nunca recebi uma delegação sindical cuja primeira frase não fosse, invariavelmente: "Senhor Ministro, estamos muito *preocupados*...". Como se tal preocupação já fosse um primeiro passo para a compreensão, um primeiro degrau para o notório "princípio de precaução"...

Por outro lado, deve-se confessar que também o poder está paralisado pela angústia. Para cada projeto de reforma, ele mede o terreno, como banhistas que experimentassem, pusilânimes, com a ponta do pé, a água. Se estiver fria, retiram-se rapidamente. Não estando tão hostil, seguem pé ante

---

* Em oposição a "melhor morto do que vermelho", slogan de Joseph Goebbels, que incitava a população alemã a lutar até o fim contra o exército soviético, no final da Segunda Guerra Mundial. (N. do T.)

Prefácio

pé, até a cintura, prontos para uma meia-volta à primeira marola inoportuna. É trágico o resultado dessa situação: a impotência pública é tamanha que nossas democracias ficam praticamente sem ação. Hobbes e Maquiavel diriam que o medo tende a se tornar a "paixão mais comum", e isso nada prenuncia de bom. Daí a questão que deu origem a este livro: de onde vem semelhante medo, desculpabilizado e paralisante, e como, enfim, se livrar disso? Como, melhor dizendo, fazer que deixe de ser um inimigo irredutível e se torne um aliado — a exemplo do judoca que consegue reverter a seu favor a força do adversário? Além das razões econômicas e sociais geralmente apresentadas — temor da perda do emprego, da moradia, ameaças de dumping social e da precariedade, ligadas à globalização — que, sem dúvida, são reais, mas muitas vezes nos levam a fazer o contrário do que seria mais apropriado (o medo é mau conselheiro), seria preciso considerar o conjunto da situação histórica em que nos encontramos atualmente, nos planos intelectual e moral. A meu ver, pode-se resumi-lo em três palavras, cujas explicitação e análise formam a trama do presente livro: *desconstrução, desapropriação e sacralização*. As duas primeiras explicam o estado de depressão em que nos encontramos. A terceira indica as vias que podem permitir uma saída.

Lembremos, para esclarecimento, antes de nos aprofundarmos.

Desconstrução (capítulo I). Não se pára de dizer e repetir: o século XX funcionou como um ácido. Os princípios de sentido e de valor que formavam os quadros tradicionais da vida humana, em sua maioria, desmoronaram ou, no mínimo, apagaram-se bastante. Daí a perturbação subjacente em quase toda proliferação e desculpabilização dos medos, que acabei de evocar e cuja natureza deve suscitar ainda muita reflexão. De fato, não basta deplorar, como tantas vezes se faz, a "perda das referências", ou estigmatizar a falta de cultura clássica das jovens gerações ou, ainda, lamentar a "deserção cívica" e o declínio da moral comum. Mesmo que se admitam como verdadeiros esses fenômenos — o que não está provado, pois é sempre possível que certas aparentes regressões também mascarem a emergência de novos progressos —, não devemos nos limitar aos sintomas. As causas devem ser igualmente interrogadas, assim como a origem profunda de reviravoltas pelas quais não se podem responsabilizar os recém-chegados. Que eu saiba, não houve nos últimos tempos mutação genética no seio da humanidade, e é pouco provável que nossos filhos tenham sutilmente se tornado tão diferentes de nós, como apregoa um certo discurso conservador. É verdade, o século passado dedicou-se à "desconstrução" das tradições, assim como à elevação potencial do individualismo — as duas caminham juntas —, mas falta compreender o porquê, bem como entender o que essa evolução dos costumes e das mentalidades eventualmente trouxe de novidade e, se for o caso, de vantagem. Ainda voltaremos a isso. Em uma primeira abordagem, todavia, pode-se considerar hipótese plausível o fato de que a erosão das tradições, quaisquer que sejam suas eventuais conseqüências benéficas, a longo prazo, tem o efeito imediato de suscitar angústia. Ainda mais porque essa erosão vem acompanhada de um fenômeno objetivamente aflitivo: a perda do controle de um desenrolar da história, que tende a nos escapar, cada vez mais, dada a globalização da competição capitalista.

Desapropriação, então (capítulo II). A volta à moda dos mitos de Frankenstein e do aprendiz de feiticeiro é bem esclarecedora quanto ao mecanismo de princípio: desde os mais recuados tempos, esses contos filosóficos falam de desapropriação. Contam a história aterrorizante de uma criatura que escapa do domínio do seu criador e ameaça devastar a terra. Incansavelmente eles voltam, hoje em dia, a nos assombrar o espírito quando se trata de descrever certos aspectos da "globalização": mercados financeiros, delocalizações, Internet, manipulações genéticas, OGM, efeito estufa... Se considerarmos as imagens veiculadas por aquelas fábulas, esses produtos da atividade humana estariam pouco a pouco escapando ao controle da espécie que, contudo, os criou e que estaria, então, sendo *desapropriada* do que engendrou. Como o grãozinho de milho transgênico que algum passarinho ou roedor tivesse transportado de um campo para outro, ameaçando escapar da vigilância humana e se propagar sem limites, o curso do mundo estaria cada vez menos sob o controle de quem, como por ironia, ainda chamamos "dirigentes". Se hoje eles nos dão a sensação de sustentarem tão pouco, ou tão mal, suas promessas — proteger o planeta, tornar real o ideal de igualdade de oportunidades, acabar com o desemprego, reduzir a dívida, retomar o crescimento etc. —, seria menos por falta de coragem, ou de palavra, do que por impotência diante de uma realidade que, cada vez mais claramente, escapa ao controle da vontade. Com isso, é a democracia, em seu princípio, que parece estar sendo traída: ela prometia aos homens que eles poderiam, de certa maneira, fazer sua história, ou, pelo menos, tomar parte nela — e é justamente essa promessa que explode em pedaços, sob os golpes da globalização liberal. Filosofia da liberdade, por excelência, o liberalismo se comprometia a tornar os seres humanos cada vez mais responsáveis. Foi, porém, sua própria vitória — já que a globalização é essencialmente liberal — que pouco a pouco os tornou seres desprovidos de qualquer domínio real sobre o andamento do mundo e, por

Famílias, amo vocês

isso mesmo, desresponsabilizados como nunca, pelo menos em nosso curto passado democrático.

Essa atmosfera intelectual, tão característica da época presente, não tem, que eu saiba, precedente algum na história humana. Como e por que motivo acabamos pondo tão radicalmente em dúvida os princípios que, dois séculos antes, nos pareciam fundadores da civilização européia moderna? Com toda evidência, assistimos a uma verdadeira reviravolta histórica atualmente. Para se convencer disso, basta que, pelo pensamento, se compare a época atual ao que sabemos sobre o Iluminismo. Que se pense, por exemplo, na reação que tiveram os melhores espíritos de então, diante do famoso terremoto que devastou Lisboa em 1755 e causou, em um dia, milhares de mortes. Ela foi unânime, ou pouco faltou para isso: graças aos progressos vindouros das ciências e das técnicas, uma tal catástrofe poderia, no futuro, ser evitada. Os homens mais esclarecidos estavam decididamente convencidos disso. A geologia, a matemática e a física permitiriam prever e, conseqüentemente, prevenir desgraças que a absurda natureza tão cruelmente infligia aos homens. Ou seja, o espírito científico, junto ao empreendedor, nos salvaria das tiranias da matéria bruta. Apenas esta última foi considerada culpada — de tal forma que, diga-se de passagem, o prefeito da cidade não foi questionado, tampouco os arquitetos, pedreiros e engenheiros que haviam construído os prédios.

Mudança de cenário, para não dizer de paradigma. Tomados pela paixão do medo, convivemos com uma natureza que nos parece atualmente admirável, enquanto a ciência soa ameaçadora ou maléfica. Diante das catástrofes naturais, passamos o tempo a procurar os responsáveis, com uma excitação correspondente ao nosso terror diante de tudo que pode nos pôr em perigo. A angústia da morte, permanentemente

Prefácio

recalcada, decai, dessa forma, diluindo-se em uma infinidade de "pequenos medos" particulares, muitas vezes ligados às mil e uma inovações "diabólicas" que a ciência e o mundo moderno nos reservam. Nos antípodas do belo otimismo das Luzes, não descrevemos mais os avanços do conhecimento como um progresso, mas como uma queda para fora de um certo paraíso perdido. Ou, melhor dizendo, nos preocupamos em saber se o próprio progresso é, de fato, um progresso e se temos absoluta certeza de nos termos tornado mais livres e mais felizes com a multiplicação das performances técnicas que a imprensa nos comunica todos os dias.

O mais impressionante é que por trás dessa proliferação dos medos se esconde uma inquietude mais profunda e surda, que engloba, por assim dizer, todas as demais: a de uma nova forma de impotência pública, agora inerente à natureza da globalização, e que poria os cidadãos das sociedades modernas — sem falar das outras, que nem têm voz nesse terreno — em uma situação de falta de controle sobre o andamento do mundo. Insinua-se, lenta mas seguramente, no espírito de nossos concidadãos antes de tudo, a sensação de que o Estado é fraco, de que em todos os campos ele está praticamente incapacitado de levar a termo as reformas, inclusive as mais amplamente justificadas, ou até mesmo de se opor a processos nefastos, sobre os quais não tem mais domínio. No fundo, o tema recorrente do "declínio" apenas exprime essa angústia, inclusive em seus apelos, ainda mais impotentes, à coragem, ao dever e ao esforço moral. Mais do que esse ou aquele objeto em particular, é a paralisia do poder público que se torna visível e exaspera, ou desespera. Com toda evidência, significa uma crise da representação, sem precedente: como, de fato, se sentir representado, se aqueles que encarregamos de "manter as coisas seguras" não têm mais capacidade real para

Famílias, amo vocês

isso? Nos anos 1950, na França, o poujadismo, corporativista e conservador, denunciava a venalidade e falta de probidade dos políticos, "todos uns mentirosos" que "enchem os bolsos". Hoje, a impotência dos dirigentes para resolver os problemas é mais inquietante ainda do que a desonestidade.

Problema: em que se apoiar para sair do marasmo?

É claro, o pragmatismo é totalmente insuficiente. No máximo, ele nos deixa surfar nas ondas de uma globalização cujas pontas nos escapam por todos os lados. Mas não é de surfistas que necessitamos. Às vezes, em política como em tudo mais, é preciso saber dizer não, é preciso resistir à onda e, para isso, torna-se necessário se apoiar em valores fortes. Trata-se do paradoxo da política moderna, do qual dirigente algum conseguiu, até o presente, escapar: é preciso ser popular para se conquistar o poder, e seria necessário poder ser, às vezes, impopular para exercê-lo bem. Um provérbio árabe diz: um homem que nunca, na vida, encontrou um motivo para pô-la em risco é um pobre coitado. Pois apenas o sagrado — etimologicamente: aquilo por que vale se sacrificar — dá não apenas sentido, mas, simplesmente, sabor à existência. No entanto, onde encontrar esse sagrado, se todos os valores foram desconstruídos? E como acioná-lo, se o curso do mundo nos escapa?

É nesse ponto que entra meu terceiro termo, a *Sacralização*. A convicção que anima este livro (capítulo III) é a de que o crescimento dos valores da intimidade, que caracteriza fortemente nossas sociedades democráticas, não deve ser interpretado como um "recolhimento individualista", uma regressão "neoliberal", uma renúncia aos afazeres do mundo. Representa, pelo contrário, sem dúvida de maneira profundamente paradoxal — ainda muito imperfeita e mitigada, pois claramente impregnada daquele egoísmo insuportável que a sentença de Gide estigmatizava —, mas bem real, um formidável potencial de alargamento do horizonte: a verdade de um humanismo afinal maduro e não, como em geral se acredita, seu desvio para o egoísmo e para a atomização do social. Não ignoro que, diante da importância das preocupações individuais, o reflexo político mais ritualístico e menos pensado consiste em declarar, com desalento, com uma ponta de nostalgia na voz e cansaço no olhar, que com o esgotamento das entidades "grandiosas" (Deus, a República, a Pátria, a Revolução etc.), as pessoas, hoje, se *deixam levar*, de maneira mais ou menos medíocre, por aquilo que lhes resta: a família e, no máximo, um pouco de humanitarismo e de ecologia, para assegurar, pelo menos, uma tomada de consciência mínima com relação às questões envolvendo o futuro das próximas gerações.

Acredito exatamente no contrário. Como vou tentar mostrar a seguir, somos menos medíocres e rasteiramente "materialistas" do que nós mesmos nos habituamos a pensar. À imagem da "consciência infeliz" de que Hegel falou em *Fenomenologia do Espírito*, só percebemos, sempre, o lado ruim da história: vemos as utopias mortíferas, mas sublimes, afundarem, bem como os princípios heróicos e os valores tradicionais desmoronarem; assistimos, de geração em geração, ao declínio acelerado dos quadros estáveis do civismo e da cultura clássicos, e isso nos aflige a ponto de aceitarmos o medo e a apatia. Mas ainda não percebemos, nos processos históricos que abalam nossas vidas, o que ocupou o lugar, o que é novo e abre o futuro, em vez de obscurecê-lo. Mas sob o efeito de uma história ainda mal conhecida demais para ser objeto de reflexão no espaço público — penso na história da intimidade, da família moderna e do casamento por amor que os historiadores das mentalidades, pouco a pouco, nos fizeram

Famílias, amo vocês

descobrir, e à qual ainda voltarei a seguir —, vivemos, sem tomar consciência nem medir seus efeitos, uma formidável revolução do espírito:* uma mutação lenta e silenciosa que marca, como nenhuma outra, nossas existências e muda radicalmente a problemática clássica do sentido da "vida boa". É impensável — e é o fio condutor deste livro — que tal abalo, sem precedente, não tenha impacto na vida política, tanto nos projetos que a guiam quanto na forma de praticá-la.

Como me esforçarei para demonstrar, o advento da família moderna e do casamento por amor, que se tornou, pouco a pouco, o ideal e depois a regra das sociedades contemporâneas, alterou todo o jogo. Sob o efeito dessa inovação que revolucionou a vida cotidiana dos indivíduos, o sagrado mudou de sentido ou, melhor dizendo, de *encarnação*. Abandonou progressivamente as entidades tradicionais, que se supunham grandiosas pois inumanas — Divindade, hierarquias sociais aristocráticas, Nação, Pátria, ideais revolucionários —, para se estabelecer, cada vez mais solidamente, no coração do menos divino, quer dizer, na própria humanidade. Quando evoco essa idéia, sempre me contrapõem a famosa análise de Dostoievski, segundo a qual, estando Deus morto, viria o humano assumir o seu lugar, de maneira delirante e carregada de todos os perigos totalitários. Essa figura inquietante do homem-deus, evidentemente, não é o que viso aqui.

Para dar uma imagem — a análise virá mais adiante — devemos, sobretudo, relembrar os símbolos utilizados por Max Weber para descrever a natureza dos valores tradicionais e das entidades sacrificais dos tempos antigos. O grande sociólogo alemão pegou como modelo o nobre exemplo do

---

* Cf. Niklas Luhmann, *L'amour comme passion* (O amor como paixão), Aubier, 1982.

Prefácio

capitão de navio que, obedecendo a um código de honra bem estabelecido, afundava com o navio, mesmo tendo evacuado a tripulação e os passageiros. Admirável sacrifício pessoal ou martirologia tacanha? Cada um, sem dúvida, decide, mas hoje tenho tendência a acreditar que, afinal, mais vale dar a vida por outras causas e, além disso, um casco de navio não merece tanto que se morra por ele... Muito bem, dentre todas as motivações possíveis, a história da família moderna, fundada no sentimento, vai nos mostrar que a única causa que vale a pena, no final, é a da *pessoa*.

É bem visto, hoje em dia, sobretudo no meio intelectual e jornalístico, zombar dos humanitaristas e da sua tendência midiática. Tudo bem. Confesso, no entanto, nesse caso, ter sempre estado do lado dos ingênuos. Permitam-me, em particular, preferir Bernard Kouchner, o fundador, na França, da organização Médicos Sem Fronteiras, que cinqüenta vezes arriscou a própria vida para salvar algumas outras, em vez daqueles que, do alto do púlpito ou de escrivaninhas, deram-lhe arrogantes lições de modéstia. Talvez eu me junte a estes últimos no dia em que tiver feito tanto quanto Kouchner... Mas esse dia, com certeza, está longe de chegar. Sem comparação possível, seu heroísmo e o que ele simboliza me parecem mais admiráveis e, resumindo, mais justos do que o do capitão do navio — capitão, é claro, que serve como modelo emblemático de todos os grandes sacrifícios mortíferos que ensangüentaram a humanidade no decorrer do aterrorizador século XX, como nunca antes no passado. Quanto a nós, simples cidadãos, não convocados a nos sacrificarmos pelos demais nem a arriscarmos as nossas vidas o tempo todo — o que, confessemos, não é tão mau assim... — por que, exatamente, deveríamos subestimar, em prol de não sei qual pseudocausa superior, a parte, apesar de tudo,

Famílias, amo vocês

dedicada aos outros em nosso cotidiano? A um amigo em dificuldade, a um parente chegando ao fim da vida, a uma criança que segue mau caminho ou, por que não, àqueles que nem conhecemos, nossos semelhantes ainda que não tão próximos e que alguma associação caritativa relembra que não poderão viver sem o socorro de outros homens? O que significariam esses sacrifícios, modestos é verdade, mas nem por isso menos verdadeiros, senão que o sentido das nossas vidas desceu amplamente do céu, para vir se encarnar na terra? E por que nos envergonharmos e preferirmos, em vez dessas novas figuras do sagrado com um rosto humano, as entidades sacrificais de uma época que não hesitou em fazer, sem o menor lucro para ninguém, dezenas de milhões de mortos, sob a hospitalidade da Nação ou da "causa do povo"? São algumas interrogações, creio, que merecem pelo menos ser investigadas.

Em que isso interfere na política (capítulo IV)? Como uma atividade, que visa por excelência a esfera pública, pode levar em conta, ou mesmo se beneficiar com as revoluções que abalam seu oposto natural, a esfera privada? É esta a questão, e ela não é óbvia. Sendo menos violenta e espalhafatosa do que outras, a revolução da intimidade produz efeitos profundos, a longo prazo, e não se pode pretender deduzi-los a priori. A questão exige, por isso mesmo, maior reflexão, e é a isso que este livro, modestamente, gostaria de convidar o leitor. Em seu conjunto, a política moderna, desde o final do século XVIII, para não entrar em épocas precedentes, colocou a esfera pública infinitamente acima da esfera privada. Em caso de conflito entre as duas, sempre a segunda foi sacrificada em favor da primeira, como se pôde verificar por ocasião de todas as guerras que, aliás, eram conduzidas por homens. Em maio de 1968, uma vez mais — no entanto,

Prefácio

foi o primeiro movimento social e político a apresentar esses valores da intimidade que um século de desconstrução das tradições havia libertado — a política se manteve prioritária: tratava-se nem tanto de colocá-la a serviço dos indivíduos, mas conseguir que cada um deles pudesse, do status de "cidadão passivo", ter acesso ao de "cidadão ativo". Inclusive entre os "sessenta-e-oitistas" mais democráticos — entre os libertários anticomunistas, antimaoístas e antitrotskistas — a convicção era a de que "tudo é político", ou devia assim se tornar. Para falar como Benjamin Constant, "a liberdade dos Antigos", isto é, a participação ativa nos negócios públicos, permanece sendo um ideal bem superior ao da "liberdade dos modernos", com o direito de cada um a levar sua vida privada como bem entender.

Mas a forte tendência que pesa sobre nós há algumas décadas, sem que sequer tenhamos consciência disso, segue uma direção inversa. Hoje, para a imensa maioria das pessoas, a verdadeira meta da existência, que lhe dá um sentido, sabor e valor, situa-se basicamente na vida privada. E essa evolução só se torna compreensível quando colocada em perspectiva no interior de uma história, a da família moderna, em que a família de modo algum é um tema exclusivo da "direita", como tantas vezes se repetiu, de maneira impensada e mecânica, mas pelo contrário, é o mais belo apanágio da aventura democrática. A vida amorosa ou afetiva sob todas as suas formas, os laços que se criam com os filhos no decorrer da educação, a escolha de uma atividade profissional enriquecedora *também* no plano pessoal, a relação com a felicidade, mas também com a doença, o sofrimento e a morte, ocupam um lugar infinitamente mais eminente que a consideração de utopias políticas, aliás, inabordáveis. Entre a justiça e a sua mãe, Camus já havia preferido a segunda. Pode-se achar, sem

Famílias, amo vocês

dúvida com razão, que o dilema é absurdo e que na vida real as questões políticas não se colocam nesses termos. É apenas uma imagem. Mas que encobre uma realidade profunda: a de uma política que tende, cada dia mais, a se tornar, primeiro e antes de tudo, um *auxiliar da vida privada*. Não sua finalidade última e menos ainda o altar diante do qual ela se sacrificaria, mas um simples instrumento a serviço do brilho e do sucesso da vida das pessoas. E esse novo dado não exclui em absoluto — outra vez contrariando uma idéia feita — que se levem em conta horizontes distantes. Pelo contrário, exige que se reatem, mas de maneira diferente, as ligações com as figuras mais grandiosas da política tradicional. Isso é o que tentarei também demonstrar ao final desse livro. Mas é hora de, primeiramente, aprofundar o caminho feito, retomando os três termos que servem como referenciais.

I

Um século de desconstrução

O "crepúsculo dos ídolos"
e o fim dos grandes objetivos

Como nenhum outro anteriormente, o século XX foi, antes de tudo, o das vanguardas, cujo principal mote foi o de *desconstruir* os enquadramentos tradicionais dos valores "burgueses" da estética e do racionalismo clássicos: vontade de acabar com a tonalidade na música, a perspectiva na pintura, a coerência da narrativa e a psicologia dos personagens no romance, mas, igualmente, a invenção da "vida boêmia" e das filosofias da desconfiança que, com Marx, Nietzsche e Freud — acrescentaria Darwin a essa lista canônica —, libertaram as dimensões do inconsciente, dos afetos, do corpo, da animalidade em nós, da sexualidade, ou seja, de uma esfera da *intimidade* até então negligenciada ou recalcada pela cultura "acadêmica". No decorrer dessas revoluções permanentes, os ideais metafísicos, éticos, religiosos e, enfim, políticos foram, sucessivamente, desarticulados. Assim como as estátuas monumentais dos ditadores destituídos, que nas imagens de telejornais vemos sendo derrubadas, os valores do Iluminismo e da República foram demolidos ou bem sacudidos. Mesmo que alguns tenham permanecido no lugar, na verdade mantidos à força, nenhum escapou inteiramente

Famílias, amo vocês

dos assaltos do pensamento crítico que, no melhor dos casos, os fragilizou. Desses traços fundamentais da cultura contemporânea, porém, nossos políticos, em geral, não querem ouvir falar. Quanto ao essencial, do ponto de vista intelectual e moral, eles continuam vivendo nos séculos passados: republicanos liberais ou socialistas, extremistas de direita ou de esquerda, todos tomam emprestadas de épocas anteriores suas visões de mundo, como se, em suas reflexões e programas, tais aventuras da desconstrução pudessem, simplesmente, ser descartadas. Na direita, continua-se a descobrir e redescobrir, com encanto, Tocqueville, e na esquerda, há um tremor perante a ousadia de se assumir "social-democrata" e colocar, com um século de atraso, suas pantufas, para seguir os passos de Eduard Bernstein ou de Jean Jaurès... Os mais intrépidos tiram da sacola o bom e velho Trotski ou os caros pensadores contra-revolucionários, como se os avatares do leninismo e do nazismo não tivessem modificado a paisagem.

No entanto, a desconstrução — esse é o primeiro fio condutor desse livro — acompanhou e libertou *dois fenômenos inéditos*, literalmente cruciais, dos quais toda política, atualmente, terá que partir para ter ou voltar a ter sentido: de um lado, a *desapropriação democrática* que a globalização nos impôs e cuja natureza examinarei no próximo capítulo; de outro, *o advento de uma vida privada*, que mostrou — veremos adiante — como a história da família moderna e do casamento por amor levou a uma sacralização jamais ocorrida nos séculos passados.

A reboque de um gigantesco paradoxo, as vanguardas de fato prepararam, sem saber e sem querer (a "contracultura" foi, por natureza, hostil ao "mundo burguês"), o advento da globalização liberal. Esta última precisava, para desabrochar

Um século de desconstrução

plenamente, sem complexos nem bloqueios supérfluos, que se destruíssem, até a raiz, as tradições e os ideais transcendentes que freavam o "movimento" — o que as diversas facetas da desconstrução fizeram de bom grado. A globalização é a *mobilização geral*, a *mobilidade* absoluta introduzida pela competição universal e pelas necessidades vitais da comparação permanente com o vizinho ou, como se diz, do benchmarking generalizado entre as empresas, os povos, as universidades, as culturas, os laboratórios científicos... Mas é também, como reverso da medalha, a era da mercadização do mundo, do hiperconsumo que nada deixa subsistir fora da lógica do mercado. Para chegar à vitória final, o liberalismo globalizado precisa obter, por todos os meios, a *liquidação* das antigas e tolhidas figuras do "sentido transcendente" para que tudo se torne *fluido, imanente* às exigências do consumo. Isso está feito, ou falta muito pouco. Enfim livres das diversas "inchações metafísicas", morais e religiosas que serviam, até bem pouco tempo ainda, para dar alguma significação às nossas vidas, nós consumimos de tudo: objetos materiais, é claro, mas também cultura, escola, espiritualidade, religião, política, nem que seja sob a forma de espetáculo televisivo, que levam a suputações, apostas, conjecturas, afinal, bem divertidas. Nada mais parece transcender uma lógica de mercado que tende a tornar os valores mais altos radicalmente imanentes a seu próprio funcionamento.

No entanto, para além desse processo global que parece tudo absorver em si, novas figuras da transcendência e do sentido estão em vias de se reconstituir em um outro terreno, o da intimidade, sem que tenhamos suficiente consciência disso para que nossos políticos, por definição orientados para a "coisa pública", se dêem realmente conta. Pois foram também as forças da vida privada — é o segundo fenômeno maior a que aludi — que as múltiplas facetas da desconstru-

Famílias, amo vocês

ção acabaram de emancipar, como nunca antes na história da humanidade. Não estamos vivendo apenas o advento da globalização liberal, mas também o da família moderna, fundada no amor e na consagração da pessoa. *Libertando dimensões até há pouco tempo ainda ausentes ou desprestigiadas nas principais produções da alta cultura — o sexo, os afetos, o irracional, o absurdo, o impulsivo, o incoerente, o violento... —, a desconstrução em todas as direções deu a esse culto do íntimo, que é outra faceta do liberalismo, seu certificado de nobreza.*

Podem-se sempre levantar questões sobre o paradoxo de uma "contracultura" que engendra, em um processo que se pode dizer perfeitamente "dialético", o contrário daquilo que visava, uma crítica social contribuindo incansavelmente para reforçar os poderes que pretendia aniquilar. O essencial é o resultado: querendo-se ou não, vivemos hoje na era da globalização e da consagração da vida privada.

É o que se deve tentar compreender, se quisermos construir ou reconstruir uma política digna desse nome, uma política que não seja inteiramente reduzida, tanto à direita como à esquerda, apenas ao pragmatismo. Nenhum mal-entendido: a *inadaptação* ao mundo de modo algum é um ideal ou uma meta final, e ninguém, exceto alguns revolucionários sofrendo de senilidade precoce, pode seriamente defendê-la. Com isso, é um erro acreditar que a lógica da "colaboração" com o real esgote os campos das possibilidades. É preciso, às vezes, resistir, proteger certos valores, até mesmo certas tradições que valham a pena, bem como, também, ser capaz de perceber o novo sob o antigo. Mas torna-se necessário, para isso, dimensionar os efeitos de um século de desconstrução sobre a erosão dos valores tradicionais e também sobre a liberação de novos princípios de sentidos. Evoquei, no caminho, certos aspectos corrosivos da história das vanguardas a respeito da tonalidade ou da imagem figurativa. Mas o mesmo ocorre no espaço da ética. Nietzsche, o grande desconstrutor, o crítico mor, certamente, dos ideais tradicionais sob todas as suas formas — religiosas, morais, políticas ou outras — pode ser comparado a Schönberg, a Picasso ou a Joyce. Como eles, fez tábula rasa de um passado que, no entanto, ele não parou de explorar. Como eles, tentou inovar de maneira propriamente inaudita — aliás, com um sucesso, às vezes, impressionante. Ele manejou o martelo, não somente contra o cristianismo, mas contra todos os ídolos da nascente laicidade republicana. Direitos Humanos, Liberalismo, Democracia, Humanismo, Iluminismo, Civilização, Progresso Científico, Proletariado, Socialismo, Anarquismo: todas essas grandes expressões explodiram sob as suas marretadas. Nada, ou muito pouco, ficou de pé.

Por isso sugiro ao leitor, mesmo a princípio pouco inclinado a se apaixonar pela história das idéias filosóficas, que me siga, por um instante, nesse campo: é útil, às vezes, ou até indispensável, fazer um desvio pelo pensamento para se compreender a história do tempo presente. No caso, como vamos ver, a crítica do que Nietzsche denominou "ídolos", quer dizer, todos os ideais passados, presentes e futuros, esclarece como nenhuma outra a situação de desencanto em que vivemos hoje, em grande parte, e que precisaremos um dia ultrapassar, se quisermos reconstruir um projeto político digno desse nome.

A crítica nietzschiana dos valores como modelo de todas as desconstruções, ou como a contracultura preparou a vitória da globalização liberal

A primeira filosofia a literalmente aniquilar a noção de ideal enquanto tal e, então, preparar, sem querer, os espíritos

Famílias, amo vocês

para o advento dos principais efeitos intelectuais e morais da globalização foi a "genealogia" nietzschiana.* Ela formou a matriz final de todas as vanguardas, de todas as filosofias da desconfiança, que teriam como principal tarefa a explosão em pedaços da dupla ilusão do sentido e da transcendência. Mesmo sem retomar aqui a análise dos dispositivos mais sofisticados dessa bela máquina de guerra contra as normas e os "valores superiores",** é realmente necessário perceber sua trama fundamental para o esclarecimento da época atual. Essa trama reside na crítica daquilo que Nietzsche designa sob o nome de "niilismo". E tal crítica, como veremos, independente até dos seus incomparáveis efeitos de inteligibilidade, em si mesma é realmente apaixonante.

Comecemos descartando um mal-entendido freqüente, determinado pelo fato de existirem duas definições contraditórias do niilismo.*** No sentido mais corrente, o termo em geral designa alguém sem convicções, sem ideal nem crença alguma, incapaz de defender qualquer valor e que, por isso,

---

* Essa leitura dos efeitos objetivos do pensamento nietzschiano, aliás, está em perfeita harmonia com a que propôs Heidegger, quando viu na teoria nietzschiana da vontade de poder a expressão última da técnica, ela própria definida como "vontade de vontade", como vontade que quer a si mesma, quer dizer, como vontade de domínio pelo domínio, independente de qualquer finalidade externa.

** Em *Aprender a Viver*, dei, do pensamento de Nietzsche, uma apresentação completa e, aliás, não crítica, para que o leitor pudesse tirar sua própria opinião.

*** Lembremos ainda que a palavra originalmente tem, quando pela primeira vez forjada por Jacobi, no final do século XVIII, o primeiro e maior crítico de Kant, ainda uma terceira significação: designa o fato de que, pelo menos segundo Jacobi, um dos pais fundadores do romantismo filosófico, a filosofia não chega nunca a captar a existência real, a "coisa em si", em suas malhas e, por isso, seus conceitos nada são. Seria preciso, então, apelar para o que Jacobi chamava "intuição" ou "crença" para captar a verdadeira vida.

algo perfeitamente análogo ao que se observa, em estado por assim dizer "quimicamente puro", na vida dos conceitos abstratos. Dessa maneira, a desconstrução do niilismo por Nietzsche encontra, sob alguns aspectos, uma analogia, não só, como já sugeri, no vanguardismo estético que também pretendeu fazer tábula rasa dos "ídolos" da perspectiva, da tonalidade ou da narrativa, mas também, bem mais concretamente, nos grandes movimentos de contestação das normas sociais tradicionais que pontilhariam toda a história do século XX.

Da desconstrução do niilismo à crítica da alienação

Foi assim que um dos últimos desses movimentos, o "alegre mês de maio", em que alguns líderes reivindicavam filiar-se a filósofos da desconfiança — o que chamei "Pensamento 68" —, encarnou na realidade uma segunda contestação das normas "burguesas" e republicanas, sobretudo nas esferas da universidade e da escola, e que teria também como efeito dessacralizar como nunca os "ideais superiores" que, bem ou mal, até então lhe davam vida. Nada mais significativo, quanto a isso, que o discurso crítico então empregado a torto e a direito contra o inimigo por excelência, rebatizado, na ocasião, de "alienação".

De que se tratava, se pensarmos no quadro escolar e em sua ética fundadora desde a Revolução Francesa? Na tradição republicana, a criança é designada na escola, em francês, como "élève". O termo deve ser levado a sério. Significa literalmente que a criança deve ser "elevada", com o professor ajudando-a a alcançar as normas culturais e morais superiores que os programas deveriam definir. Essas

Um século de desconstrução

do devir"), o amor do presente, como ele se apresenta. É onde Nietzsche se aproxima de certos temas das sabedorias antigas, sobretudo do estoicismo e do budismo: a nostalgia do passado e a esperança de um futuro melhor nos afasta, segundo eles, da verdadeira sabedoria que consiste, tanto quanto possível, em se reconciliar com o que existe, vivendo, assim, na única dimensão real do tempo, isto é, o presente (já que o passado, não existindo mais, e o futuro, que ainda não existe, são apenas formas do vazio).

Mas deixemos nesse ponto essa outra vertente do pensamento nietzschiano, que já tive oportunidade de desenvolver antes. O que me interessa, no contexto de uma discussão sobre o futuro da política moderna, é notar como a crítica nietzschiana dos ídolos e do niilismo volta, queira-se ou não e mesmo que não seja esta em absoluto sua intenção subjetiva, a fazer da desconstrução uma grandiosa e insubstituível superestrutura da globalização e do cinismo que a acompanha. Pois sua rejeição do niilismo, entendido no sentido nobre e filosófico, pode permitir, mais do que qualquer outro, legitimar o niilismo, entendido no sentido mais rasteiro do termo. A desconstrução dos ídolos, segundo uma lógica que se avizinha da tautologia, leva, no final de tudo, a um mundo sem ideais, cujos processos automáticos, permanentemente gerados pela globalização, constituem as mais perfeitas ilustrações. Uma vez mais, apesar da intenção de Nietzsche e de seus discípulos "de esquerda" não ser esta evidentemente... o que de forma alguma impede a verdade objetiva dos seus efeitos.

Mesmo que as idéias não governem o mundo, elas acompanham, todavia, seu andamento de maneira significativa, e não é por acaso que encontramos, nos efeitos reais engendrados pela contestação das normas e dos ideais transcendentes,

Famílias, amo vocês

e essa, como se sabe, é a promessa das grandes religiões (pelo menos em suas versões populares).

Vê-se então em que medida o republicano ateu, democrata, anarquista ou socialista, pouco importa, traz de volta, tanto quanto o crente propriamente dito, e sem se dar conta, a estrutura comum a todo pensamento niilista: ele também pede que se dê sentido à vida relacionando-a a um ideal futuro, a morrer pela pátria, pela revolução proletária, pelo advento de uma "sociedade melhor", sem classes e sem exploração, sem Estado etc. E é aí que o materialismo, aos olhos de Nietzsche, no mais das vezes não passa de um idealismo disfarçado, uma religião de salvação terrestre, é verdade, mas, ainda assim, uma religião. Como a teologia que o ateu pretende desconstruir, vendo nela um novo "ópio do povo", sua teoria se baseia, apesar de tudo, em ideais que transcendem a vida real, destinados a lhe dar sentido. Por isso o materialismo de Marx, por exemplo, é, tal qual a religião cristã, um niilismo, pelo menos se entendermos com esse termo toda atitude que nega o real em nome do ideal, toda tentativa de melhoria do que existe em nome de um futuro melhor, de um sentido oculto, de um projeto superior.

É esse niilismo, então, o bicho-papão de Nietzsche. É o que ele quer desconstruir — e com o qual fornece o mais profundo modelo para todas as desconstruções. Por que um objetivo assim? Seria muito longo explicar aqui em detalhe e nos afastaria do nosso tema principal. Digamos simplesmente ser o niilismo aquilo que se deve, por sua vez, negar, se quisermos, partindo da lógica segundo a qual duas negações valem uma afirmação, reencontrar, enfim, o real, lamentar um pouco menos, esperar um pouco menos, para conseguir amá-lo, enfim, exatamente como ele é — o que Nietzsche denominou *l'amor fati* (ou também "a inocência

Um século de desconstrução

cai no cinismo. Pode-se pensar, por exemplo, no movimento punk e em seu famoso *no future*. Para Nietzsche, que fez da crítica do niilismo o centro de todo o seu pensamento, o termo significava exatamente o contrário: o niilista, segundo Nietzsche, era tudo, exceto um homem sem ideal. Pelo contrário, era alguém repleto de "fortes convicções", de "princípios superiores", altamente "morais e transcendentes". O niilista de Nietzsche é fundamentalmente, no sentido amplo e até mesmo leigo, um crente, alguém que tem fé em ideais, quaisquer que sejam, pouco importando quais: religiosos, metafísicos ou ateus, humanistas ou materialistas.

Por que, nessas condições, empregar esse termo para designar tal indivíduo, uma vez que a palavra parece, pela própria etimologia, remeter a uma espécie de culto do "vazio", de adoração do "nada"? Simplesmente porque, aos olhos de Nietzsche, os ideais, todos os ideais — aqueles "ídolos" cujo crepúsculo ele anunciara — trazem de volta a estrutura metafísico-religiosa mais fundamental possível: a do além em oposição ao cá embaixo, o ideal distante do real. Nessa estrutura teológica essencial, no entanto, usa-se, justamente, o "mundo inteligível" (ou o paraíso), dito superior (transcendente), para negar o "mundo sensível" — utiliza-se o ideal, então, para depreciar e, com isso, aniquilar o real (o imanente à terra, mais do que ao céu). Isso significa que os ideais metafísicos, religiosos ou até leigos, segundo Nietzsche, foram inventados pelos humanos apenas para dar um sentido à vida por contraste com o real, como consolo para o seu rigor e, conseqüentemente, sob muitos aspectos, para recusá-la como tal, quer dizer, para condená-la e, finalmente, negá-la. A vida cá embaixo nada vale, eis a linguagem básica do idealista, isto é — podemos, então, compreender em que sentido —, do niilista, já que para ele é no além que tudo o que se pode esperar de bom vai acontecer:

Um século de desconstrução

normas são, aliás, duplamente transcendentes: com relação, por exemplo, à realidade inicial, que é a de qualquer criança. Nós a consideramos originalmente — o que, confessemos, não está completamente errado — ao mesmo tempo inculta e, falando como Freud, "perversa polimorfa". Pretende-se mudar isso tudo, indo na direção do melhor, do ideal — no caso: da civilização e da humanização, definidas como valores superiores à barbárie e à animalidade. É a primeira transcendência, então. Mas uma segunda vem completá-la, pois as normas em questão, da cultura escolar e da moral cívica republicanas, também são pensadas como sendo mais altas do que o indivíduo, como externas a ele. Trata-se, em outras palavras, de normas *coletivas*, para não dizer "nacionais".

Qual é a ligação com a *alienação* e sua crítica? É bem direta. O objetivo da escola republicana clássica consiste claramente na transformação da criança, no final de um processo, em *outra*, comparando-se ao que era no ponto de partida: mais culta e mais civilizada. E o meio utilizado e valorizado é o *trabalho*, que concilia os dois momentos fundamentais da cidadania democrática. No trabalho escolar, de fato, a criança é simultaneamente ativa e passiva, livre e coagida. *Livre* pois é por sua própria atividade, por seus esforços pessoais, que aprende as lições e consegue resolver os problemas colocados no decorrer dos exercícios escolares. Mas, igualmente, *coagida* por problemas e exercícios que são como obstáculos colocados com a convicção de ser por sua superação livre que ela há de se formar, cultivar, civilizar. Qual é a ligação com a cidadania? Ela é fundamental, no cerne da idéia republicana: quando eu voto a lei (ou voto em meus representantes, ou seja, em quem vai votar na Assembléia Nacional no meu lugar), estou sendo, como na experiência escolar, ao mesmo tempo passivo e ativo, livre e coagido. Livre no momento em que escolhi e submisso uma vez efetuada a escolha — e de tal forma isso é verdade, retomando a frase famosa de Rousseau, que a verdadeira liberdade é a obediência à lei que se estipulou para si.

Foi mais ou menos essa construção de sentido e de transcendência que a contestação de 1968 quis abolir com o requisitório que se conhece e que vem se juntar, em profundidade, à crítica nietzschiana do niilismo: articulado com os ideais superiores, ele é propriamente *"alienante"*, no sentido etimológico do termo, pois procurava tornar a criança um aluno e o aluno uma pessoa que, de fato, seria, na chegada, *outra*, e não a mesma do ponto de partida. O que, porém, se pôs em seu lugar, senão a supressão das normas como tais, simbolizada, na ocasião, pelo mais do que célebre "é proibido proibir"? O que veio em seguida foi uma idéia bem diversa de educação. Não exatamente um "torne-se diferente do que você era no início", e por meio do *trabalho escolar*, mas, inversamente: "Torne-se o que você é", *be yourself*!, e isso por meio do *prazer*, livrando-se, tanto quanto possível, das imposições, dos "ídolos", das transcendências e autoridades propriamente *alienantes*.

Pode-se refinar o quanto quiser o diagnóstico, completá-lo, matizá-lo, enriquecê-lo infinitamente, sem dúvida: o vanguardismo estético, a desconstrução filosófica e a contestação "societal" caminham juntos. Andam no mesmo sentido, o da liquidação do sentido, justamente, e da transcendência. *Por isso, sob a aparência externa de uma crítica radical da "sociedade de consumo" e do "capitalismo burguês", favorecem, na realidade, sem dúvida e sem querer, com certeza sem saber, mas favorecendo assim mesmo, o advento da globalização, um processo sem sujeito que paradoxalmente realiza todas as suas aspirações: não mais o sujeito livre e consciente, mas sim um in-*

Um século de desconstrução

divíduo que "se diverte a explodir"; não mais o antropocentrismo em que seríamos "senhores e donos" de nós mesmos e da natureza, mas sim um mundo e uma história que nos escapam por todos os lados. Não mais valores nem sentidos transcendentes, mas sim um universo de hiperconsumismo em que tudo é reciclado na lógica da pesquisa de audiência e do mercado, tornando-se, com isso, radicalmente imanente à mobilidade permanente da história por ele dominada.

Desde então, os discípulos repetiram a mensagem e ampliaram o círculo dos iniciados. O que chamei "Pensamento 68" — digamos: o pós-estruturalismo que, de Foucault a Derrida, representou a última vanguarda filosófica — alguns anos depois de Duchamp, mas seguindo as mesmas trilhas mais ou menos abertas, se espraiou nas universidades americanas. No final, aquela corrente filosófica que preferia se ver marginal e sonhava ser uma contracultura subversiva, ameaçando a ordem sob todos os seus aspectos, acabou sendo, como a vanguarda estética e literária recolhida em seus museus, a própria imagem do novo academicismo. Nos Estados Unidos, ela acompanhou e depois legitimou e reforçou as ideologias do "politicamente correto", a ponto de se confundir com elas no ódio generalizado pelo Ocidente. Ela está na origem do convite multiforme à autoflagelação e ao arrependimento[*] que se exprime com as diversas faces da reivindicação ao direito à diferença, assim como na guerra das memórias históricas, em que se disputa o primeiro lugar na hierarquia das vítimas...

No final do século XX, a desconstrução inaugurada por Nietzsche e em parte continuada por Heidegger alcançou, desse modo, com o apoio do poderoso satélite americano, a

---

[*] Ver, quanto a isto, o ensaio de Pascal Bruckner, *La tyrannie de la pénitence* (A tirania da penitência), Grasset, 2006.

Famílias, amo vocês

posição de pensamento dominante, incriticável e, aliás, de modo geral, bem pouco criticado: perante seus representantes mais eminentes, tanto na direita quanto na esquerda, a genuflexão se tornou a norma, com ameaça de mistificação — enquanto a mensagem de fundo parou de inspirar qualquer revolta ou inovação. Assim como a vanguarda deixou de ser criativa, é fácil sentir que a repetição indefinida dos clichês antimetafísicos, anti-religiosos e anti-humanistas, qualquer que tenha sido em outro tempo a sua cota de verdade, não é em si uma meta, e já é tempo de passar para outra coisa. Para quê? É essa a questão, e seria pouco dizer que as opiniões divergem quanto à pergunta... Mas uma coisa, pelo menos, é certa: a política não vai poder evitar por muito tempo a reflexão sobre tudo o que essas reviravoltas da cultura e do pensamento contemporâneo significam para ela. Mantenho-me muito crítico com relação ao "Pensamento 68" e, de maneira mais geral, ao vanguardismo em sua fase terminal. Nunca, no entanto, agi como se não existissem, como também nunca pretendi que nada tivessem sacudido ou que bastasse voltar atrás para "tudo acomodar". Fico surpreso, então, ao ver como, pelo contrário, nossos políticos nada captaram, ou muito pouco, dos terremotos que, no entanto, marcaram essas revoluções do pensamento e da cultura contemporâneos, assim como não apreenderam a amplitude das mudanças paralelas introduzidas por reação na sociedade civil e na esfera privada.

Já é tempo, para eles também, de perceberem a erosão radical que a desconstrução, sob todos os aspectos, impôs aos nossos ideais republicanos. Ela é comparável àquela que a arte moderna provocou em relação às formas tradicionais: assim como é impossível compor como se Schönberg não tivesse existido, ou pintar como se o cubismo e a abstração não tives-

Um século de desconstrução

sem ocorrido, não se pode prosseguir na tradição iluminista, fazer um "retorno ao humanismo", leigo ou cristão, trazer de volta a boa república antiga, com suas notas de soberanismo "à francesa", como se nada tivesse acontecido. Vem daí o fato de tão amiúde os discursos políticos que permanentemente se desenvolvem a partir de refrãos desgastados e nos falam da "prosperidade", da "justiça social", da "igualdade das oportunidades" e outras fórmulas ocas darem a sensação de nada engrenar, serem cascas vazias em que o fruto secou. Ao fim do Antigo Regime, ou seja, até 1789, essas expressões certamente estavam carregadas de sentido e de esperança: traçavam o caminho de uma verdadeira revolução, aliás realizada, em parte, hoje em dia. Mas em relação à parte, ainda impressionante, que falta cumprir, sabemos que não será abusando das palavras que conseguiremos fazer as coisas avançarem.

De modo que nossa situação é bastante desconfortável. Poderia se resumir bem simplesmente da seguinte maneira: não podemos nos manter na desconstrução indefinida, nem permanecer no bom tempo antigo dos ídolos da República nascente e das "Luzes". Somos, por assim dizer, obrigados a retomar a caminhada, mas sem saber exatamente em qual direção. É de onde vem, creio, a angústia bem particular e às vezes arrogante que o nosso universo desencantado veicula. Angústia ainda majorada por vir acompanhada, como disse no início, por um formidável sentimento de desapropriação diante do decurso do mundo.

II

FRENTE À DESAPROPRIAÇÃO DEMOCRÁTICA

Grandezas e misérias da globalização capitalista

Evitemos um mal-entendido: é evidente que não pertenço ao universo intelectual e político dos contemptores da globalização e do liberalismo. Pelo contrário, até. A globalização liberal, apesar do que dizem os altermundialistas, possui um certo número de virtudes que é inútil contestar. Sem sequer citar os efeitos evidentes na economia, o simples fato de abrir universos até então voltados para si mesmos, totalmente fechados aos demais, já quase bastaria como justificativa. Enquanto isso, a competição propriamente não é um mal, e todas as análises econômicas mostram que, mesmo sendo real o crescimento das desigualdades entre ricos e pobres, a globalização traz vantagens, *apesar de tudo, também* aos mais desfavorecidos, a tal ponto que, segundo um recente relatório do Banco Mundial, o número de pessoas muito pobres deve, graças a ela, ser reduzido à metade, até 2030. No plano político ela também expõe um gigantesco problema, um desafio tão particular que desde já aparece como o desafio número um da política moderna: a desapropriação dos cidadãos diante da direção que o mundo toma e que lhes escapa cada dia mais. Ser um republicano de direita liberal

Famílias, amo vocês

não significa ser cego, e menos ainda insensível em relação aos efeitos perversos, às vezes ameaçadores, engendrados por um sistema que, sob outros aspectos, se defende.

Sem dúvida alguma com razão, pode-se objetar que se deve evitar a idealização do passado e que os cidadãos, de qualquer forma, nunca tiveram o controle da sua história, em épocas anteriores. Apesar disso, originalmente a democracia — e muito particularmente a democracia republicana que constituiu na França a nossa tradição política e intelectual mais sólida — no mínimo prometia ser possível, enfim, sairmos dos tempos obscuros do absolutismo e do Antigo Regime, começarmos a construir a história em conjunto e conduzirmos, pelo menos em parte, o nosso destino. Nem que fosse apenas pela magia do sufrágio universal, podia-se ainda, até há bem pouco tempo, pensar que essa promessa estava em vias de se realizar. Mas foi exatamente o que a globalização traiu, enquanto o declínio do Estado-nação ia tornando duvidosas e improváveis as reações "soberanistas" que pretendiam "retomar as rédeas", apoiando-se apenas nas teclas habituais das políticas nacionais.

Mas é preciso se compreender bem a exata natureza desse processo de desapropriação.

Consideremos um exemplo simples, que qualquer um pode constatar por si mesmo: a todo ano, todo mês, quase a cada dia, nossos telefones celulares, computadores e automóveis mudam. Evoluem. As funções se multiplicam, as telas aumentam e se colorem, as conexões na internet melhoram, as velocidades crescem, os dispositivos de segurança progridem... Esse movimento, diretamente engendrado pela lógica da competição, é tão irreprimível que a marca que não o seguir estará cometendo suicídio. Nenhuma pode ignorar essa obrigatoriedade de adaptação, queira ou não, faça sentido ou

Frente à desapropriação democrática

não. Não é uma questão de gosto, uma escolha entre outras possíveis, e sim um imperativo absoluto, uma necessidade indiscutível para quem quiser simplesmente sobreviver.

Nessa globalização que leva, hoje, todas as atividades humanas a um estado de concorrência incessante, a história acontece, então, externamente à vontade dos homens. Para usar uma metáfora banal, mas eloqüente: assim como uma bicicleta precisa avançar para não cair, ou um giroscópio girar em permanência para se manter em seu eixo sem cair do fio, precisamos o tempo todo "progredir", mas esse progresso mecanicamente induzido por uma luta pela sobrevivência *não tem mais qualquer necessidade de se situar no contexto de um projeto maior, integrado a um grande propósito.* É claro, não nego em absoluto que, no caminho, nos beneficiamos de várias e muito úteis melhorias: quem não gostaria, indo para o hospital, de contar com tecnologia de ponta, com os escâneres mais sofisticados e os medicamentos mais eficazes? Isto não está em discussão. O que está, contrariamente, é mesmo a questão da democracia, quer dizer, o controle que os homens podem ou não exercer sobre a sua história, assim como a finalidade dessa mesma história.

Podem ainda me contestar, afirmando que a globalização não é um fenômeno tão novo quanto pareço acreditar e que estou dramatizando as coisas.

Mas não é assim.

Compreende-se facilmente isso, tomando-se em consideração, por um instante, a diferença abissal que separa a "globalização" atual dos seus primeiros esboços, no período da emergência da ciência moderna que, sem qualquer dúvida, foi a primeira forma de discurso de vocação "mundial". O discurso científico, de fato, foi o primeiro e talvez o único a poder legitimamente ter a pretensão de valer para todos os

Famílias, amo vocês

homens, em todos os tempos e em todos os lugares, para ricos e pobres, tanto para os poderosos quanto para os fracos. A lei da gravidade, nesse sentido, foi tão democrática quanto universal. Mas percebe-se que no racionalismo dos séculos XVII e XVIII, com Bacon, Descartes, Newton e os enciclopedistas franceses, por exemplo, o projeto de domínio científico do universo possuía ainda uma intenção de emancipação. Quero dizer com isso que, em seu princípio, *ele se mantinha submisso à realização de certas finalidades, de certos objetivos transcendentes, considerados úteis para a humanidade.* O interesse não estava apenas nos *meios* que nos permitiriam dominar o mundo, mas nas *metas* que tal domínio, se fosse o caso, nos daria — e por isso o interesse não era ainda puramente "técnico" ou "pragmático". Mesmo se tratando de dominar o universo teórica e praticamente por meio do conhecimento científico e pela vontade dos homens, isso não acontecia pelo simples prazer de dominar, por puro deslumbramento com a própria força. Não se queria dominar por dominar, mas sim para compreender o mundo e poder, nesse caso, *usar isso com a finalidade de alcançar certas metas superiores que se reagrupam, no final, em dois capítulos principais: a liberdade e a felicidade.*

Para os representantes das *Luzes,* a finalidade do progresso das ciências e das artes (da indústria) era principalmente e antes de mais nada *emancipar* a humanidade das cadeias do "obscurantismo" medieval (de onde vem a metáfora da luz, justamente), mas também da tirania com que a natureza brutal nos esmaga — como indica o exemplo ideal-típico do terremoto de Lisboa. Em outros termos, o domínio científico do mundo não era em si mesmo um fim, mas um meio para uma liberdade e uma felicidade enfim acessível a todos. Havia, por trás dos progressos do conhecimento, a esperança,

Frente à desapropriação democrática

claramente afirmada e consistentemente pensada, de uma melhoria da civilização em geral.

Com a globalização da competição, a história mudou radicalmente de sentido: em vez de se inspirar em ideais transcendentes, o progresso ou, mais exatamente, o *movimento* das sociedades pouco a pouco se reduziu, até se tornar apenas o resultado mecânico da livre concorrência entre seus diferentes componentes. Ele, de certa maneira, não é mais "aspirado" pela representação de um mundo melhor, de um objetivo superior, mas forçado ou, por assim dizer, "empurrado" pela necessidade de sobreviver. Falando como os físicos, não estamos mais no registro das causas finais, mas no das causas eficientes.

Para se compreender bem essa ruptura radical com as primeiras formas de globalização no tempo das Luzes, propriamente ditas, basta pensar por um instante nisso: nas empresas, a necessidade de se comparar incessantemente aos outros — o benchmarking —, de aumentar a produtividade, de desenvolver conhecimentos e, sobretudo, suas aplicações na indústria, na economia, resumindo, no consumo, tornou-se um imperativo simplesmente vital. A economia moderna funciona como a seleção natural em Darwin: em uma lógica de competição globalizada, uma empresa que não se adapta, não progride diariamente, é uma empresa marcada para morrer. Daí o formidável e incessante desenvolvimento da técnica, atada ao desenvolvimento e amplamente financiada por ele. Daí também o fato de que o poder dos homens sobre o mundo se tornou um processo totalmente automático, um "*processo sem sujeito*" — para falarmos a linguagem dos anos 1960 —, incontrolável e até mesmo cego, uma vez que ultrapassa por todos os lados as vontades individuais conscientes. Este é simplesmente o resultado inevitável e mecânico de uma

Famílias, amo vocês

competição tornada ainda menos controlável, já que disseminada por todo o planeta. Nesse ponto, contrariamente ao ideal herdado das Luzes, a globalização técnica é simplesmente um processo sem finalidade, despido de qualquer espécie de objetivo definido: ninguém mais sabe aonde pode nos levar esse percurso do mundo, mecanicamente engendrado pela competição e não dirigido pela vontade consciente dos homens reagrupados coletivamente em torno de um projeto, em uma sociedade que ainda no século passado podia se chamar *res publica*, república: etimologicamente, "negócio" ou "causa" comum. No mundo técnico, quer dizer, de agora em diante no mundo inteiro, pois a técnica, como acertadamente disse Heidegger, é um fenômeno sem limites, planetário, não se trata mais de dominar a natureza ou a sociedade para ser mais livre e mais feliz, mas sim de dominar por dominar. Por quê? Para nada, justamente, ou porque, muito simplesmente, é impossível fazer de outra maneira...

Desta breve análise, podem ser tiradas duas conclusões que diretamente dizem respeito à nossa proposição.

A primeira refere-se ao processo de desapropriação que acabamos de evocar: é um processo que se pode dizer "dialético" no sentido mais filosófico do termo, isto é, no sentido de que um termo tem como destino engendrar, sem querer nem saber, o seu contrário. A democracia, com efeito, não está aqui sendo ameaçada ou atacada pelo exterior, por agressões totalitárias, fascistas ou fundamentalistas. *É por seu próprio movimento que ela produz o exato contrário das promessas que fazia originalmente*, e sem dúvida alguma é isso que, embora muito confusamente percebido por nossos concidadãos, contribui para deixá-los bastante preocupados: eles vêem que a impotência pública generalizada — seja na luta pela redução dos déficits públicos ou nos sucessivos combates para conter

Famílias, amo vocês

era inevitável que mais cedo ou mais tarde ele se voltasse para si e acabasse se aplicando à própria ciência. Desse modo, em vez de ser sempre dogmática e autoritária, esta última questionou cada vez mais a si mesma. No campo da ecologia e, mais ainda, da bioética, "comitês de sábios" foram criados nos últimos anos, com a principal missão de, justamente, permitir que essa "auto-reflexão" da ciência surgisse. Muitos homens de ciência assumem hoje em dia a função de criticar as conseqüências nefastas dos próprios trabalhos. Na França, por exemplo, viu-se um biólogo conhecido, como Jacques Testard, fechar de forma simbólica seu laboratório, para declarar publicamente que suas próprias pesquisas sobre a procriação medicamente assistida, ou clonagem, podiam ter conseqüências assustadoras. Podemos, é claro, não concordar com ele e temer que tais gestos de hostilidade à razão tragam em si outras ameaças. Não se pode, no entanto, negar que simboliza um movimento de fundo, uma sensibilidade radicalmente oposta àquela dos cientistas do século XIX. Pois hoje a natureza não é mais vista por nossos concidadãos como produtora dos maiores riscos, e sim a própria pesquisa científica. Pode-se lamentar (confesso ser este o meu caso), mas esse movimento de fundo nem por isso deixa de ser bastante real. Para inúmeros ecologistas contemporâneos é óbvio que os malefícios de um tsunami, por mais graves, nada significam, comparados às ameaças que a industrialização da agricultura ou a proliferação das centrais atômicas representam à sobrevivência da espécie humana. E mesmo quando a natureza está em questão, como, apesar de tudo, ocorre durante as grandes epidemias, é ainda a mão do homem que as torna potencialmente devastadoras: nunca a doença da vaca louca teria parecido tão ameaçadora se não se beneficiasse da loucura do homem moderno e, sem a globalização e a

Frente à desapropriação democrática

contrário da arte, assentada em um gosto "distinto", estava intimamente ligada aos progressos do ideal democrático, dos quais nunca podia se afastar por muito tempo.

A partir daí, e este é o terceiro traço, o problema maior daqueles novos Estados-nação científico-democráticos foi a produção e a distribuição das riquezas. E nisso a sua dinâmica era mesmo, como afirmou Tocqueville, a da igualdade ou, se preferirem as formulações marxistas, a da luta contra as desigualdades. E nesse combate difícil, mas decidido, a confiança no futuro estava implicada de tal maneira que a questão do risco se via bem largada em segundo plano.

Os papéis sociais e familiares, afinal, estavam ainda fixados, ou mesmo *naturalizados*, isto é, percebidos como traços da natureza e não como resultados da história: as distinções de classe e sexo — para não falar das diferenças étnicas, apesar de fragilizadas em seus direitos e questionadas enquanto princípio, dentro de um universo que começava a ser democrático — eram *de fato* percebidas ainda como intocáveis. Dizia-se então "A" civilização, no singular, sendo óbvio que ela era prioritariamente européia, branca e masculina.

Nesses quatro pontos, a segunda modernidade entrou em ruptura com a primeira. Porém, como Ulrich Beck sublinhou de forma muito inteligente, não fez isso por meio de uma crítica *externa*, apoiada em um novo modelo social e político, mas de maneira "dialética", aprofundando seus próprios princípios, que acabariam engendrando o seu contrário. Vejamos, em resumo, como se deu essa reviravolta.

Do ponto de vista da ciência, para começar, e das suas relações com a natureza, o século XX recém-terminado assistiu a uma verdadeira revolução. Já que um dos princípios fundamentais da revolução científica moderna é, de fato, o do espírito crítico e da recusa dos argumentos de autoridade,

Famílias, amo vocês

dissociáveis uns dos outros, e que a segunda modernidade, na qual vivemos hoje, haveria de derrubar, um a um.

O primeiro traço consiste na concepção ainda autoritária e dogmática da ciência. Segura de si e dominadora com relação a seu principal objeto, a natureza, o conhecimento científico pretendia, sem qualquer hesitação, ser o caminho para a emancipação e a felicidade dos homens. Basta que se leiam as obras dos mestres fundadores da ciência moderna no século XIX, por exemplo, o livro de Claude Bernard sobre o método experimental e a necessidade da vivissecção, para ver que a ecologia, o respeito pela natureza, os "direitos do animal" para eles nada representavam, rigorosamente. O que contava, antes de tudo, era a verdade, o progresso e, por esse ponto de vista, a ciência devia "passar", independentemente dos estragos que causasse. Ainda a reboque das Luzes, ela prometia aos seres humanos libertá-los do obscurantismo religioso dos séculos anteriores, assegurando-lhes ao mesmo tempo os meios de se tornarem "como que dominadores e donos" de um universo que se podia domesticar para a realização do bem-estar material. Isto era o essencial, com todo o restante não passando de melindres piegas e preguiçosos.

Solidamente apoiada nesse otimismo da ciência, a idéia de progresso, definida em termos de liberdade e de felicidade, muito logicamente se inscrevia nos moldes da democracia parlamentar e do Estado-nação. Ciência e república andavam juntas. Acabamos de lembrar: as verdades reveladas pela primeira eram a imagem dos princípios que fundavam a segunda, essencialmente *destinadas a todos*. Como os direitos humanos, as leis científicas tinham uma pretensão universal: deviam, pelo menos em princípio, ser válidas para todos os homens, sem distinção de raça, classe ou sexo. Como declarou Nietzsche, a ciência era essencialmente "plebéia": ao

Frente à desapropriação democrática

o desemprego sem artifícios estatais, para retomar o crescimento etc. — não vem de obstáculos externos a nós mesmos, mas simplesmente das nossas próprias deficiências.

A segunda conclusão diz respeito a essa desapropriação democrática, que deve ser então entendida em dois sentidos: desapropriação *de* democracia, pelo fato de a globalização engendrar um percurso do mundo que nos escapa, mas também desapropriação *pela* democracia, já que é por seu próprio movimento que ela desapropria a si mesma, por assim dizer.

Começamos, talvez, a entender melhor por que os desafios da política moderna são tão difíceis de serem respondidos. Ainda mais porque à desapropriação democrática se acrescenta, por outras razões ainda, um profundo e poderoso processo de empobrecimento ou de declínio da autoridade do Estado, que torna bem improvável a hipótese de uma "retomada do controle" em nível nacional, agravando desse modo, por outro viés, o sentimento da impotência dos dirigentes.

A "sociedade do risco" e o declínio do Estado-nação

Para melhor compreendermos a situação do declínio das autoridades nas democracias européias, devemos* distinguir duas idades modernas, para não dizer "duas modernidades". A primeira, ainda inacabada e dogmática, corresponde ao apogeu do Estado-nação. Ela se identifica essencialmente com o século XIX, assim como com a primeira metade do XX, caracterizando-se por quatro traços fundamentais, in-

---

* Conforme certas análises do sociólogo alemão Ulrich Beck, em particular em seu livro *A Sociedade do Risco*, do qual retomo aqui um de seus conceitos centrais.

Frente à desapropriação democrática

multiplicação das trocas entre as populações, a gripe aviária, sem dúvida, inspiraria muito menos receio.

Já não é tanto a natureza, então, que se deve dominar, mas a ciência e a pesquisa, projetadas na imagem do aprendiz de feiticeiro, pois, pela primeira vez em sua história, elas proporcionam à humanidade os meios para a sua própria destruição. E isso, é claro, vale não só para os riscos engendrados no interior das sociedades modernas, pelo uso industrial das novas tecnologias, mas igualmente por quem se preocupa com a possibilidade de essas tecnologias serem empregadas, no plano político, por países não democráticos. Se o terrorismo se tornou mais preocupante do que em épocas passadas, foi também, senão exclusivamente, porque tomamos consciência de que ele pode — ou logo vai poder — obter armas químicas e nucleares temíveis. O controle dos usos e efeitos da ciência moderna nos escapa, e a sua força desenfreada é inquietante.

Com isso, assiste-se a uma segunda reviravolta: diante do "processo sem sujeito" de uma globalização que nenhum governo mundial consegue dominar, o enquadramento do Estado-nação e, com ele, das formas tradicionais da democracia parlamentar parece estranhamente estreito, para não dizer insignificante. A nuvem de Chernobyl não parou, por algum milagre republicano, nas fronteiras da França. Os processos que comandam o crescimento econômico ou os mercados financeiros, por sua vez, não obedecem mais ao ditame de representantes do povo, incapazes de manter as promessas que gostariam de fazer. Daí, é claro, o sucesso residual daqueles que procuram nos convencer, a exemplo dos nossos soberanistas, de que uma volta para trás é possível, de que a velha aliança entre ciência, nação e progresso depende apenas de civismo e de voluntarismo: gostaríamos muito

Famílias, amo vocês

de acreditar que um coeficiente significativo de simpatia inevitavelmente se vincula a esses argumentos nostálgicos. No entanto, sabemos perfeitamente que estão, em definitivo, fora de cogitação.

Diante dessa evolução dos países mais desenvolvidos, a questão tocquevilliana ou marxista da igualdade e da distribuição das riquezas tende a passar para segundo plano. Não que desapareça, é claro, mas se apaga diante das novas necessidades de uma solidariedade diante dos riscos agora ainda mais ameaçadores, já que, globalizados que são, escapam em boa parte das competências dos Estados-nação, assim como do domínio real dos procedimentos democráticos ordinários.

Sob os efeitos, enfim, de uma autocrítica (auto-reflexão) agora generalizada, os antigos papéis sociais foram recolocados em questão. Desestabilizados, deixaram de parecer inscritos em uma natureza eterna, como se pôde ver, exemplarmente, com as múltiplas facetas do movimento de emancipação das mulheres.

A meu ver, o essencial nessa análise da reviravolta dialética da modernidade otimista das Luzes em uma segunda onda, pessimista e inquieta, é o seguinte: imperceptivelmente, passamos do espírito crítico que, de Descartes a Voltaire, caracterizou da melhor maneira o nascimento da liberdade e da ciência em seu combate contra a superstição e o obscurantismo para a autocrítica e, desta última para o ódio de si mesmo. Daí também a mania de arrependimento que permanentemente atravessa nossas sociedades. No tempo das Luzes, a crítica se aplicava aos demais, aos adversários do progresso, por exemplo. Hoje ela se volta contra si mesma para se tornar primeiramente auto-reflexão, o que é ótimo, e depois autodifamação, menos edificante. É a partir dessa visão que cobrimos de cinzas a cabeça, com um zelo cada vez

Frente à desapropriação democrática

maior. Em vez de nos emancipar e nos ampliar o espírito, a segunda modernidade, fundada no princípio da auto-reflexão, reforçou-nos o pessimismo e a falta de autoconfiança.

Isso deve nos levar a uma reflexão sobre o fato de o declínio do Estado e o enfraquecimento das autoridades políticas não estarem apenas ligados à falta de civismo e de coragem entre aqueles que ocupam a função suprema, mas a uma realidade objetiva da debilitação do Estado-nação. Será, ainda hoje, dessa entidade, isolada e enfraquecida, que os remédios para os nossos medos podem vir? Parcialmente, sem dúvida, mas cada vez menos. A política precisa, se quiser voltar ao brilho que tinha até há pouco tempo, mudar de escala — razão pela qual a construção da união européia, para além de todos os seus defeitos (são tão flagrantes quanto numerosos), deve apesar de tudo se constituir como esperança para nossas democracias. Tanto quanto a fraqueza do Estado, a redução incessantemente mais perceptível de suas prerrogativas vem acompanhada de um movimento, também preocupante, de atomização individualista da sociedade, cujo efeito mais visível se manifesta por meio de um verdadeiro declínio da lei, a favor de uma incrível proliferação dos direitos.

Em outros termos, enquanto a desconstrução das tradições se acelera e o Estado se enfraquece, torna-se cada vez mais difícil gerir a sociedade, o que complica significativamente as coisas...

Um declínio da lei que vem acompanhada, porém, de uma verdadeira proliferação dos "direitos a..."

Quarenta e cinco mil automóveis incendiados nas periferias de cidades francesas, além de mais de 80 mil incidentes

Famílias, amo vocês

graves registrados em estabelecimentos escolares, com muitos atos de violência física, às vezes com o uso de armas: são dois dados do ano 2006, que deveriam nos dar o que pensar. Mais ainda porque o detalhamento dessas ações (estupros, tráfico de drogas, professores espancados e filmados durante a agressão, extorsão de alunos menores etc.), tornado público anualmente pelo Ministério da Educação francês, causa arrepios, mesmo quando nos lembramos que tais violências dizem respeito a, em sua maioria, menos de 10% das escolas. Com isso, não se pode deixar de compreender que pais e professores façam tudo o que podem para driblar o mapa escolar e evitar esses 10% em questão, assim como é possível compreender os motivos profundos da crise vocacional no ensino, que afeta cada vez mais fortemente o ensino médio, a ponto de se tornar, sem que ninguém queira confessar, um problema crucial da educação pública...

Mas o mínimo que se pode dizer é que a situação não melhora o bastante rapidamente, mesmo que a tomada de consciência — que está longe de ter um peso insignificante — comece finalmente a ser real, inclusive na esquerda, que tradicionalmente atribuía tais estatísticas aos "fantasmas de segurança" da direita. Para ir diretamente ao fundo das coisas, é preciso dizer e repetir o quanto a velha oposição direita/esquerda em torno da famosa dupla "prevenção/repressão" está ultrapassada. Segundo uma pesquisa publicada pelo semanário *Challenge*,[*] o montante global do tráfico ilegal (drogas,

---

[*] Ver a esse respeito o interessante editorial de Patrick Fauconnier, fundador de *Challenge*, comentando, no número 11 da revista (novembro de 2005): "Estima-se em 90 bilhões de euros o orçamento da economia informal. Uma grande reportagem no canal France 2, transmitida no programa 'Envoyé spécial', em 13 de outubro, foi esclarecedora em relação a essa organização hiperestruturada, com sua administração de ponta: diretor no topo, chefes de equipe, assalariados nos depósitos, distribuição, recrutamento e forma-

Frente à desapropriação democrática

armas, objetos roubados etc.) que se faz hoje em dia em nossos "bairros" ultrapassaria a casa dos 90 bilhões de euros anuais. Confesso uma certa dificuldade para compreender essa quantia e entender concretamente o que isso significa em termos de desprezo pela Lei Republicana. Se o artigo não fosse publicado por um jornalista sério e nada suspeito de ser partidário dos temas de uma direita que se acredita exageradamente preocupada com a "segurança", eu não o citaria aqui. Se for exato — e não tenho qualquer motivo para duvidar —, justificam-se a posteriori os argumentos de quem quis, para além da lógica da prevenção e da repressão, dar início enfim, *em profundidade*, a um autêntico *desmantelamento* de redes mafiosas, cuja simples existência já ridiculariza a Lei Republicana. O problema não consiste mais em saber se devemos ou não estabelecer uma "polícia de bairro" ou, inversamente (como se, aliás, fossem incompatíveis!), insistir na punição mais severa dos jovens delinqüentes, mas, sim, em se instituir uma verdadeira guerra contra a multiplicação e a extensão das zonas de não-direitos, em que os cidadãos "normais" são literalmente aterrorizados por bandos de uma violência apavorante.

Todavia, enquanto o declínio das autoridades, e em particular da lei, parece flagrante, assiste-se paralelamente a uma não menos espantosa proliferação dos direitos. O desejo de ser vítima ou, como disse Pascal Bruckner, a "tentação da inocência" pouco a pouco ganhou todos os grupos da sociedade. Cada vez que algum personagem público se excede em argumentos minimamente "incorretos" sobre determinada

---

ção dos mais jovens", escreveu ele. Estamos longe dos clichês mostrando infelizes jovens vítimas do desemprego e do racismo, que a "polícia de bairro", aliada a irmãos mais velhos e demais animadores culturais, traria rapidamente para o bom caminho...

Famílias, amo vocês

comunidade, convencida de ter direito a alguma reparação devido à sua história, ele é ameaçado de processo. Convivemos não só com o crescimento dos comunitarismos de todo tipo, mas literalmente com o retorno do tempo das tribos, com cada uma, qualquer que seja, tendo uma consciência tão afiada quanto perfeitamente unilateral das obrigações que lhe devem. O discurso reivindicativo, para não dizer paranóico, tornou-se então o mais usado e mais comum, com cada gueto desenvolvendo argumentos que deveria lhe permitir, com uma guerra de memórias ou de conflito de interesses simplesmente corporativistas, mostrar aos olhos do mundo que se está na *pole position*, no *hit parade* dos perseguidos, e por isso deve-se beneficiar prioritariamente de indenizações ou até da confissão pública do arrependimento, se possível nacional e cerimoniosa...

Partindo desse ponto de vista, nossa classe política não parece muito à vontade. Diante do crescimento em força da globalização, tanto a direita quanto a esquerda têm dificuldade de encontrar uma atitude coerente. O paradoxo que domina o atual período, no entanto, é evidente e exige uma resposta: alegrem-se ou se chateiem, o liberalismo foi, na prática ou pelo menos nas cabeças, o grande vencedor do final do século XX. Externamente, a globalização liberal se impõe, mais forte a cada dia, como a nova lei da história, enquanto internamente as exigências do pluralismo político, assim como do individualismo "societal", não param de ganhar terreno. Ou seja, as diversas faces do liberalismo saem arqui-vencedoras em todos os confrontos com os demais regimes e doutrinas políticas. Mesmo assim trata-se, ou pouco falta para isso, do termo mais detestado na França. Político algum, de primeiro plano, se atreve a abertamente se filiar a isso, e até mesmo a direita republicana tem todo cuidado, a cada ocasião, de se

Frente à desapropriação democrática

desvincular. Diante da questão do liberalismo, os partidos de governo não encontraram publicamente a atitude que convém. Na maior parte do tempo, contentam-se em oscilar entre a cegueira e a má-fé: cegueira à direita, sob os efeitos perversos do sistema, que no entanto é o seu, e má-fé à esquerda, sobre as vantagens da estrutura democrática e da economia de mercado que se podem, sem dúvida, criticar na oposição, mas às quais se deve abrir espaço, assim que se chega ao poder. Por que tal paradoxo? Como explicar essa atitude de permanente denegação, essa incapacidade de se criticar o liberalismo, quando é preciso, assim como a incapacidade de defendê-lo quando isso se mostra necessário? É o que precisamos compreender, antes de abordarmos novos horizontes.

Diante do liberalismo: mitos e realidades da "sociedade bloqueada"

A imagem da "sociedade bloqueada" volta incessantemente ao debate público quando se evoca o "mal-estar francês" diante das necessidades de adaptação às obrigações da economia mundial, de forma que acabou tomando, no decorrer do tempo, a aparência de um lugar-comum. Mesmo sem estar inteiramente errada, corre o risco, como todo clichê, de impedir uma reflexão aprofundada. O que se quer dizer, de fato, quando se fala de "bloqueio"? Questão crucial e quase sempre deixada no vazio. Desnecessário, então, vir com rodeios. O que a expressão visa, com toda evidência, são as reformas *liberais* que a direita gostaria de pôr em andamento, mas não ousa, de modo algum, dar início, ou não consegue realizar: a flexibilização e revisão do código trabalhista, a reforma do Estado (expressão pudica para designar a redução

Famílias, amo vocês

maciça do número de funcionários), a luta contra a dívida e os déficits públicos, o prolongamento do período de trabalho e a abolição da lei das 35 horas semanais, a supressão dos regimes especiais de aposentadoria, a autonomia dos estabelecimentos escolares e universitários e, de forma mais geral, todas as mudanças necessárias para adaptar a França à globalização. Deve-se, enfim, dizer com clareza: é onde está o bloqueio, e não em outro lugar!

Quando um dos meus predecessores no Ministério anunciou um plano plurianual de aumento do recrutamento de funcionários na Educação, ninguém viu a Federação Sindical Unitária (FSU) ou qualquer outro sindicato fazer apelo à greve ou descer às ruas para "bloquear" o projeto. Quando determinado candidato de esquerda propõe, caso chegue ao poder, um substancial aumento do salário-mínimo, não precisa ser um requintado politólogo para prever que não vai suscitar nenhum alarido entre os parceiros sociais. Hão de objetar que se pode, em certos casos, conseguir uma reforma liberal na França. Com certeza, mas ela será então bastante local, só mobilizando uma faixa infinitesimal da opinião pública. Pôde-se, assim, privatizar a Air France sem fazer muita onda porque, na verdade, exceto pelo pessoal diretamente envolvido, o negócio deixava indiferente a imensa maioria dos cidadãos — o que não seria o caso se houvessem suprimido cargos de funcionários ou aumentado, de um jeito ou de outro, o período de trabalho dos franceses. Além disso, como se tratava da Air France, um sentimento de irritação se espalhara pela população, a ponto de circular uma piada dizendo que seus pilotos estavam, enfim, trabalhando para "cumprir o aviso prévio"...

Pode-se até — se quisermos ser justos, é preciso também mencionar isso — ir contra a opinião pública. Foi o caso

Frente à desapropriação democrática

de François Mitterand, como seus amigos gostam sempre de lembrar, ao tratar da pena de morte. Falou-se, então, de "coragem". Mas também aí as coisas devem ser bastante relativizadas: pois, apesar de a maior parte da opinião ser contrária e o tema facilmente suscitar emoções, tratava-se, na verdade, de um assunto menor nos planos social e político. Se pensarmos sob o ponto de vista das categorias diretamente concernidas pelo debate, não se pode dizer que isso afetasse grandes multidões! A França não corria risco algum de se ver bloqueada — como pode acontecer em caso de greves de estudantes e alunos, de pessoal da administração pública, de ferrovias (SNCF), transportes rodoviários etc. E como, aliás, era bastante previsível que a opinião pública evoluísse na França como já acontecera em outras democracias mais "avançadas", essa suposta coragem tinha mais a ver com um envolvimento judicioso partindo de um homem experimentado do que de verdadeiro sacrifício de si, em nome do interesse superior.

Como dizem muitos políticos, com um cinismo que sempre me surpreende, é errado então afirmar que a sociedade francesa esteja bloqueada, pois muitas "reformas", de fato, são possíveis: para que "dêem certo", basta que sejam bastante "locais" para não inquietarem a população, ou bem claramente antiliberais e consumidoras de dinheiro público para serem aprovadas pela maioria. Além disso, quando o tratamento social do desemprego — que havia sido inventado pela esquerda — voltou em 2004, não causou grandes reboliços na direita que, no entanto, passara anos a criticá-lo, de tal forma o desejo de eleição ou reeleição ultrapassa qualquer outra consideração.

De forma que, afinal, não se pode dizer que a França é uma sociedade bloqueada. Pelo contrário até, há 25 anos

Famílias, amo vocês

ela não pára de... desbloquear: o crescimento tão vertiginoso quanto irresponsável da dívida pública comprova isso. O setor da Educação, nesse período, deu empregos como nunca: suas performances nem por isso melhoraram de forma perceptível, mas, em compensação, a dívida vai afundar o futuro dos jovens* por muito tempo. Podem-se então fazer reformas, concordo, e até mesmo de certa amplitude, se elas forem na direção do vento. Mas quem quiser ir contra — e, às vezes, é preciso —, aí sim, as coisas começam a se complicar. Não sem razão há de se dizer que é a lei do gênero, na democracia. Resta compreender por quais motivos, nove em cada dez vezes, o bloqueio ocorre quando se trata de medidas liberais, ainda que sejam pouco audaciosas e mesmo que, sobretudo quando, caminhem no sentido do interesse geral.

Por quê? Primeiro e antes de tudo por um motivo de fundo do qual ninguém fala hoje em dia e que permanece particularmente bem desconhecido dos nossos homens de direita que, no entanto, deveriam ser os primeiros a se interessar. Pois é inerente à lógica profunda do universo do qual eles foram, em essência, os artesãos.

Todo mundo sabe que a França, fortemente marcada pelo voluntarismo republicano herdado dos jacobinos, é por tradição hostil ao liberalismo e, daí, à globalização. Todas as pesquisas européias de opinião confirmam o fato de que a França é, entre os países da União Européia, o que mais intensamente rejeita a lógica do mercado. Essa hostilidade situa-se no plano político e até mesmo, mais profundamen-

---

* A maior parte das organizações militantes que pretendem representá-los continuam, todavia, a se manifestar, incansáveis, a favor da crescente obesidade do Estado-providência, que vai tornar ainda mais incerto o seu futuro, e a vida adulta mais difícil do que nunca, desde a Segunda Guerra Mundial...

Frente à desapropriação democrática

te, no cultural — o que evidentemente não impede que, na sociedade civil, as empresas francesas façam o máximo para inverter essa pesada tendência do povo e dos dirigentes políticos.

Mas não é isso o essencial, a meu ver; longe disso. As verdadeiras raízes do antiliberalismo dominante estão em outro lugar, ligadas a um outro motivo, ao mesmo tempo mais estrutural e mais profundo, que explica bem melhor a desconfiança ou até a visceral rejeição que as políticas de desinvestimento do Estado suscitam entre os franceses: *trata-se da convicção, mais ou menos consciente, mas mesmo assim bem enraizada, de que o universo do consumo acelerado induzido pela globalização é, fundamentalmente, destruidor dos valores espirituais e morais sobre os quais o bem comum deve repousar, seja ele entendido no sentido que for.* Essa convicção não deixa de ter pertinência, e — ou sobretudo — um republicano de direita que avalize o liberalismo econômico deve levá-la em consideração. Deve-se procurar compreender isso para tentar trazer respostas plausíveis, coisa de que a direita liberal francesa se mostrou, até o presente, totalmente incapaz.

Nas origens liberais do ódio pelo liberalismo: o ponto cego da direita

Tentemos primeiramente captar o raciocínio antiliberal em sua pureza de argumentação. Ele parte da constatação de que o mundo das empresas, aquele em que se fabricam e se vendem permanentemente novos e incontáveis objetos, pressupõe que os indivíduos a quem eles se destinam tornem-se prioritariamente *consumidores*. Isto, por assim dizer,

Famílias, amo vocês

é uma tautologia. Como particularmente demonstraram as análises de Gilles Lipovetsky,* desde o final dos anos 1960, nós inclusive entramos em uma "sociedade de hiperconsumo" onde potencialmente tudo tende a se tornar mercadoria. Nós não só consumimos produtos industriais, telefones ou automóveis em maior número do que nunca, mas a cultura, a política e até a religião, sob muitos aspectos, integraram-se pouco a pouco à esfera do consumismo generalizado. Como já disse, incessantemente consumimos, e sob formas diversas, o sagrado, o espetáculo, a escola, a ética, o debate público, a questão de sociedade... Ao mesmo tempo em que se desenvolve a atitude do consumidor esclarecido, que tenta fazer, tanto quanto possível, escolhas racionais em um mercado cada vez mais universal, o ser humano se vê fragilizado pelo progressivo desaparecimento das esferas da cultura e da inteligência que, ainda há pouco situadas fora do mercado, permitiam-lhe estruturar a existência em torno de referências espirituais relativamente estáveis.

Para dizer mais brutalmente as coisas: o modelo do consumismo puro é o da *addiction*, ou vício. Como o drogado que deve continuamente aumentar as doses e encurtar os períodos entre as aplicações, o consumidor ideal seria aquele que compra sempre mais e cada vez mais freqüentemente. Mas há um ponto crucial: para se ter vontade de consumir, é preciso estar em estado de insatisfação, situar-se dentro de uma lógica do desejo que prioritariamente se caracteriza pela carência. E para que o indivíduo mergulhe nesse estado, é preciso, tanto quanto possível, "livrá-lo" dos valores espirituais e morais — daquilo que Freud chamava "sublimação" — que lhe permitem ter um mundo interior

---

* Ver sua participação no primeiro relatório do Conselho de Análise da Sociedade, *La Documentation française* (A documentação francesa), 2005.

Frente à desapropriação democrática

rico e estável o bastante para bastar-se a si mesmo e, dada a própria riqueza e estabilidade, não sofrer da permanente necessidade de comprar. Se minha bisavó ainda fosse viva, acharia, sem dúvida alguma, os shopping centers, repletos e trasbordantes de produtos tão atraentes quanto inúteis, uma verdadeira monstruosidade, um templo erguido à besteira e à obscenidade do dinheiro. Pois ela vivia num mundo de valores em que nada disso tinha lugar, em que não era necessário consumir o tempo todo para ser feliz e dar um sentido à vida. Não era "fazendo compras" que o indivíduo via como se realizar, mas sim no cumprimento de certos deveres com relação a si mesmo e aos outros, que tinham muito maior importância do que essa lógica do desejo originado no vício. Se nossos filhos tivessem a mesma mentalidade da minha bisavó, não sentiriam a incessante premência de comprar novos objetos: certamente já não teriam possuído, em média nos meios burgueses, cinco celulares e dois computadores, antes de completarem 15 anos de idade...

Por essa razão é necessário, vital para as empresas, instaurar a todo custo nas cabeças uma forma de *zapear*, sem a qual não há razão para que os indivíduos comecem a consumir como convém para que o mundo "gire". Esse resultado, que as campanhas publicitárias explicitamente assumem como objetivo, engendra o que certos críticos do "mundo capitalista" já nos anos 1960 denominavam "dessublimação repressiva": entenda-se, por trás do jargão, a idéia de que a desestruturação dos valores, engendrada pelos comerciais, entrega o indivíduo — a começar pelas crianças, que nesse sentido formam a clientela ideal — a uma lógica de relativa servidão, que é a do consumo rápido. A "dessublimação repressiva" aparece então como acompanhante indispensável do hiperconsumo, sua condição necessária, e para se opor a isso, para constituir um contrapeso, por vezes faz falta também desenvolver, à sombra do mercado, valores que por contraste parecem não mercantis, *ou seja, de certa maneira, "antiliberais".*

É onde se localiza uma origem significativa da repulsa que tão amplamente agita uma sociedade como a francesa, já de outras formas programada, dada sua tradição republicana, a recusar a idéia de que tudo pode ser reduzido ao mercado. E isso, acho eu, um homem de direita e consciente do que faz deveria ser o primeiro a compreender. Pois esse fenômeno pouco discutível torna o capitalismo contraditório em um ponto, não mais econômico como pensou Marx, mas fundamentalmente moral e cultural.

As contradições culturais do "homem de direita": tradicionalista em sua moral privada e fanático por inovação externa

O homem de direita "ideal-típico", como poderia ter dito Max Weber, aparece então como um ser fragmentado, em contradição consigo próprio em um ponto essencial. Simultaneamente conservador no plano ético, mas inovador obsessivo no plano profissional, ele lamenta um declínio que ele mesmo engendra e incentiva. Por um lado, entoa com facilidade a cantilena do "tudo está acabando" e lamenta, com real sinceridade, o fato de os jovens estarem perdendo as referências éticas e culturais sem as quais vida comum alguma, respeitosa com relação aos demais e às tradições, é possível; por outro lado, ele incita, com as campanhas publicitárias, os mesmos jovens a rapidamente ingressarem em uma lógica do desejo e do consumo tão desenfreada

Frente à desapropriação democrática

que atropela tudo o que a educação dos pais e o ensino dos professores pôde tentar lhes enfiar nas cabeças em matéria de instrução cívica e cultura escolar. Denunciam-se desse modo os defeitos da escola que, na verdade, não agüenta mais se adaptar a toda má-educação do mundo que os pais covardemente lhe encaminham, na esperança de que ela faça o que eles não conseguiram.

Essa permanente contradição interior, tão característica do homem de direita atual, lhe é totalmente inconsciente. Na maior boa-fé, ele se aflige com o espetáculo do declínio da moral cívica e realmente se assusta com o fracasso da escola em civilizar aqueles "pequenos bárbaros" que, mais numerosos a cada geração, invadem os seus supermercados. Em momento algum lhe vem à mente que ele próprio, é claro que sem querer e sem de maneira alguma procurar isso, é o principal responsável por esse estado das coisas. *Pois não se pode impunemente alardear o respeito pelas tradições, esforçando-se diariamente em estabelecer lógicas de inovação e de emancipação de indivíduos que gradativamente as reduzem a nada.* Mas convém seguir mais adiante: se quisermos verdadeiramente delimitar essa contradição, devemos ainda perceber a que essa fragmentação interior deve diretamente estar vinculada, ao que um sociólogo como Daniel Bell desde os anos 1960 já designava como "contradições culturais do capitalismo", em um notável livro que, aliás, tinha esse título. Para melhor realçá-la, Bell propôs que se distinguissem três eras do capitalismo:

— O capitalismo clássico foi descrito por Max Weber e se caracterizava, nos planos cultural e intelectual, pelo *ascetismo* da moral protestante e pela valorização do trabalho, da disciplina e do esforço. Naquele tempo, o capitalista era

Famílias, amo vocês

tudo menos alguém que gozava a vida. Ele inclusive vivia como um asceta e conservava o essencial dos seus lucros para reinvesti-los, em um processo indefinido de acumulação do capital.

— A segunda era corresponde ao surgimento, nos planos cultural, econômico e moral, entre 1880 e 1930, daquilo que Bell chamou *modernismo*, ou seja, em sentido amplo, não apenas a arte moderna, porém, de forma mais generalizada, tanto no mundo empresarial como fora dele, a emergência de uma ideologia exacerbada da ruptura com a tradição, gerando um verdadeiro culto do novo e do inesperado, e, com isso, a rejeição de toda forma concebível de norma transcendente, externa ao indivíduo. Foi como, por exemplo, a arte moderna libertou a narrativa romanesca das obrigações da cronologia e da psicologia, a música dos imperativos da tonalidade e da harmonia, a pintura das regras da perspectiva e da representação do real etc. Nesse sentido, a paixão que grandes capitalistas demonstraram pela arte moderna não se devia a qualquer acaso: mesmo que esta se tenha sempre esforçado para deixar patente seu lado subversivo e sua dimensão contracultural, compartilhava com o universo capitalista a mesma obsessão pelo novo, o mesmo gosto pela permanente inovação, ou até mesmo pela devastação das tradições; e era o que o industrial — no entanto conservador no plano ético — apreciava na arte moderna.

— A terceira era começou com o esgotamento, após 1930, desse movimento modernista de ruptura, levando à entrada na fase *pós-moderna*, que consistiu essencialmente na repetição de maneira hiperbólica — "hiperbólica" quer dizer *exacerbada*, mas que passou a não ter mais sentido — do gesto da tábula rasa e da inovação: desse modo, surgiu uma cultura que, tendo esgotado as possibilidades de realmente renovar

Frente à desapropriação democrática

conteúdos, tomou como princípio a renovação como tal, vista como um fim em si, e procurou gerar sem interrupção o absolutamente novo, caindo, assim, em uma incontornável contradição: o fato de produzir a novidade pela novidade e a vontade de ser original a qualquer preço acabam indicando o contrário — carência de novidade e falta de originalidade. Aos monocromos de Rothko e às exposições sem quadros de Yves Klein sucedeu-se o concerto silencioso de John Cage, em que o homem de direita liberal ideal-típico, de início um pouco chocado com o atropelamento das tradições, começou a se reconhecer e, então, a se extasiar...

Todo o esforço de Bell visou interpretar o surgimento desses movimentos pós-modernos, reconhecendo que eles deram fim ao ascetismo do primeiro período do capitalismo e abriram, desse modo, o caminho para uma *cultura hedonista do consumo e, depois, do hiperconsumo, dentro da qual tudo, inclusive a cultura, a escola, a política e a religião, tornou-se mercadoria em potencial.* Seu trabalho interpretativo consistiu, antes de mais nada, em chamar atenção para um acontecimento histórico decisivo nesse caso: o surgimento do crédito, nos anos 1930. Este último, de fato, abriu uma nova era para o consumo, cujas exigências deixaram de ser compatíveis com o ascetismo protestante. Para o pleno proveito do crédito e dos efeitos benéficos que ele gera para o sistema, era preciso deixar de ser puritano e entrar em uma nova civilização, na qual não era mais condenável gozar a vida e seus prazeres — com o crédito patrocinando essa nova cultura hedonista. Por essa ótica, o modernismo, por um paradoxo cuja profundidade exige reflexão, aparece, apesar das conotações contraculturais, como o verdadeiro agente de desenvolvimento do capital, que, por meio do crescimento indefinido do consumo, pôde assim voltar a ser, de acordo

Famílias, amo vocês

com a velha fórmula de Marx, seu próprio coveiro, como prognosticou Bell: "A ética protestante foi minada não pelo modernismo, mas pelo próprio capitalismo. O maior instrumento de destruição da ética protestante foi a invenção do crédito. Até então, para consumir, era necessário antes economizar. Com a possibilidade do crédito, porém, podiam-se imediatamente satisfazer seus desejos."

Foi precisamente essa emergência crescente de uma cultura hedonista que, apesar de suscitada pelo próprio capitalismo, tornou o sistema contraditório, com a preocupação de eficácia que o anima do ponto de vista tecnocientífico e a exigência hedonista de satisfação dos desejos revelando-se incompatíveis: "De um lado, a corporação dos negócios exige que o indivíduo trabalhe demais, aceite transferir para mais tarde recompensas e satisfações, isto é, que ele seja uma engrenagem da organização. Por outro lado, a corporação incentiva o prazer, o relaxamento e a indolência. Deve-se ser consciencioso durante o dia e festeiro à noite..."

A análise dessa contradição esclarece de maneira convincente o que designei aqui como cegueira do homem de direita. E é também essa nova forma de cegueira que o impede de, em contrapartida, compreender a origem real da hostilidade incessantemente crescente suscitada pelo mundo liberal e pelo discurso dos "vencedores", propagado por seus bajuladores.

Mas é também o que impede, há décadas, uma boa parte da esquerda republicana e democrática de ousar, enfim, segundo expressão famosa de Edouard Bernstein, separar-se do comunismo e do marxismo revolucionários *para aparecer como ela realmente é*: uma espécie de liberalismo social mesclado com o Estado-providência, justamente preocupado, deve-se reconhecer, em respeitar a democracia dita "formal" — isto

Frente à desapropriação democrática

é, basicamente, o pluralismo dos partidos e das opiniões, as eleições livres, um parlamento eleito democraticamente e outras regras destinadas a garantir as liberdades conforme explicitadas pelos direitos humanos, e que o marxismo puro e seco rejeitou em nome do ideal revolucionário.

Nesse sentido, pode-se dizer, sem forçar nada, que o mesmo fenômeno diante do qual a direita se mantém cega, desde as suas origens, leva o essencial da esquerda não comunista à mais estéril má-fé. É conhecida a famosa crítica de Edouard Bernstein, executor do testamento de Engels e admirador de Marx, lançada em 1898 contra seus dois mentores: as predições que, aos olhos deles, justificavam a idéia e a prática revolucionárias tinham se revelado erradas. Marx e Engels contavam com a proletarização e o empobrecimento das massas para preparar o grande dia: cada vez mais numerosos e mais pobres, os proletários finalmente se armariam para a expropriação de um número cada vez mais restrito de exploradores capitalistas e se estabeleceria então uma sociedade sem classes, sem propriedade privada nem exploração. Segundo Bernstein, no entanto, era o contrário que ocorria: os capitalistas eram cada vez mais numerosos e os proletários cada vez menos pobres, de forma que se as idéias de justiça social, de igualdade e de luta contra a exploração permanecessem propriamente justas, convinha acabar com a paixão revolucionária e passar, enfim, do comunismo a uma social-democracia claramente reformista e respeitosa dos direitos formais que o marxismo queria suspender em nome da "ditadura do proletariado".

À direita, cega diante dos efeitos perversos do liberalismo, responde então uma esquerda em freqüente má-fé com relação às suas qualidades. Erro simétrico capaz de explicar em grande parte os impasses da política francesa que nunca conseguiu

Famílias, amo vocês

encontrar o tom certo sobre a questão do liberalismo. É claro, não se deve exagerar "a exceção francesa", e as mesmas atitudes podem ser encontradas, em graus variados, em muitos outros países. Só que a tradição republicana — aquela partindo da convicção de que o papel da política é, indo de "cima para baixo", o de corrigir a sociedade civil, sempre ameaçada, no sentido antigo, de "corrupção" — dá, aos reflexos ideológicos que acabamos de analisar, um realce que provavelmente não se encontra em nenhum outro lugar.

Por essa razão continuo convencido de que será impossível enfrentar a globalização e os desafios que ela coloca sendo apenas pragmático: ninguém pode esperar que se façam sacrifícios — e para se adaptar a isso, será necessário — despidos de qualquer significação, ou que se justifiquem apenas pelo ponto de vista "racional", do ponto de vista do "sistema", dos "ricos", dos "instruídos", ou seja, da "França de cima". É, no entanto, justamente este o ponto sensível. Pois, após um século de desconstrução profunda dos valores tradicionais, não é nada óbvia a questão de se saber em cima de que ainda é possível se reconstruir.

A profissão dos políticos, reconheçamos, é realmente ingrata: queremos o tempo todo que tenham idéias, inventem tanto quanto possível projetos grandiosos que nos encantem e estimulem, mas nos esquecemos de dizer que desenvolvemos, no decorrer do século passado, uma nova forma de espírito crítico que nada deixa passar, não perdoa qualquer aproximação e que se esforça, além disso, por desconstruir e esmiuçar até o âmago todos os grandes sistemas de valores sobre os quais a humanidade se tinha até então apoiado. Como crianças mimadas demais, que brincam de quebrar seus brinquedos e reclamam de não ter mais com o que brincar, exigimos de nossos dirigentes que reconstruam

Frente à desapropriação democrática

o futuro sobre uma base enfim sólida, mas fizemos tudo para abalá-la e fragilizá-la. É dessa situação paradoxal — a partir da qual nascem tantos medos — que devemos agora nos emancipar e, para isso, precisamos começar a perceber, ao mesmo tempo, as dificuldades reais e as possibilidades eventuais de reconstrução, que terá certamente de se apoiar naquilo que um século de crítica, para além dos aspectos evidentemente negativos, pode também ter libertado de fecundo, sobretudo em matéria de emancipação e de *sacralização* da vida privada.

III

A SAGRAÇÃO DA INTIMIDADE

ou

o nascimento de um novo humanismo

Vimos como a era da globalização, do "processo sem sujeito", estabelece verdadeiras máquinas de guerra contra a própria noção de sentido. Nela e por meio dela as metas da história ficam ilegíveis e o curso do mundo tende a nos escapar, por mais "alto" que estejamos posicionados. Também vimos como a contrapartida desse processo está na emergência de uma sociedade de hiperconsumo, onde potencialmente nada mais — sequer os valores morais, culturais e espirituais — parece a priori transcender o domínio do mercado. Fica claro, nessas condições, que as exigências de uma pura e simples adaptação à realidade, do jeito que ela se encaminha, levam ao risco de pouco a pouco se reduzir a política a uma técnica, cujo modelo mais eloquente é a metáfora da relação entre o surfista e a onda. É o que queremos? Creio que não. Se quisermos inscrever a política futura em um espaço de significação que não esteja natimorto, é preciso inovar e parar de se apegar aflitiva ou preguiçosamente às velhas certezas, ao universalismo das Luzes, ao exclusivo pragmatismo liberal, e mais ainda aos arcaísmos de um socialismo que se acha intrépido e mal alcança o nível de Bernstein e de Jaurès.

Famílias, amo vocês

Fato é, porém, que na esfera pública nos mantemos ainda em um misto mais ou menos bem dosado dessas três posições, que praticamente esgotam o leque de reflexões disponíveis. Falemos claramente: se a política deve traçar a via, se deve mostrar o caminho, tal viático não é suficiente. De que forma os valores da vida privada poderiam abrir um outro horizonte? É a questão que eu gostaria agora de examinar — questão ainda mais urgente, já que esses valores parecem os únicos em que subsiste atualmente, de alguma maneira, o sagrado ou a transcendência.

Para fazer uma analogia que nos leve de imediato ao cerne dessa interrogação, pode-se dizer o seguinte: assim como a globalização veio encarnar, de maneira paradoxal, o imenso movimento de desconstrução dos ideais anunciado pela crítica nietzschiana do niilismo, da mesma maneira é a emergência progressiva de uma verdadeira "divinização do humano" que, sob o efeito das evoluções da família moderna, vai dar corpo à idéia de uma transcendência "horizontal", de um sagrado encarnado no coração da humanidade e não mais, como antes, em entidades "verticais", superiores e externas a ela. Daí, como vamos ver, a completa reviravolta das relações entre política e vida privada a que assistimos atualmente e que precisamos considerar. Para além das aparências enganadoras, a verdade revelada ultimamente pelos nossos melhores historiadores das mentalidades é que o único laço social que nos últimos dois séculos se aprofundou, intensificou e enriqueceu foi o que une as gerações no seio da família. Freqüentemente decomposta, situada fora do casamento ou sem dúvida recomposta, no entanto menos hipócrita, mais autêntica e mais atraente do que nunca na história: é este o paradoxo da família moderna. É nela, e talvez apenas aí, que subsistem e até se aprofundam formas de solidariedade de

A sagração da intimidade

que o restante da sociedade, dominado quase exclusivamente pelos imperativos da competição e da concorrência, quase não tem mais conhecimento. É diante dos nossos próximos, daqueles que amamos e, sem dúvida por extensão, diante dos demais humanos, que espontaneamente nos disponibilizamos a "sair de nós mesmos", a recuperar a transcendência e o sentido, em uma sociedade que mobiliza o tempo todo tendências contrárias. E esse dado pode parecer trivial, mas não é: longe de ser óbvio, é, como veremos a seguir, fruto de uma história singular, amplamente específica da Europa e de seus satélites.

Assim, a relação privado/público nas últimas décadas foi literalmente revirada, de forma que o fenômeno histórico mais importante desses últimos anos foi certamente o seguinte: sem nos darmos conta, passamos progressivamente das famílias a serviço da política (como foi o caso, por ocasião de todas as guerras) a uma política a serviço das famílias. Daí a maior freqüência dos temas que têm a ver com educação, segurança, saúde, habitação, transporte, lazer etc., ou seja, as diversas formas de preocupações certamente coletivas, mas que emergem da intimidade e que se continua, por força de hábito, a tratar de maneira administrativa, sem perceber as novas dimensões afetiva e de sentido que contêm. Em vez de essa nova face do individualismo apenas constituir mais um desdobramento egoísta, como os reflexos políticos clássicos levam a apressadamente acreditar, a esfera do privado torna-se, sob nossos olhos, o grande negócio público de amanhã. Em vez de singulares ou isolados, os problemas do indivíduo tendem ao universal. Falando com simplicidade, temos mais ou menos as mesmas preocupações, mesmas alegrias e mesmas dificuldades diante das idas e vindas da existência, de forma que o que ingenuamente

Famílias, amo vocês

acreditamos pertencer à lógica individual é eminentemente público e coletivo.

Vejamos isso um pouco mais de perto.

A história da família moderna como verdadeiro vetor de emergência de novas imagens do sentido

Apesar de as evoluções do casamento e da família, que serão descritas, terem suas raízes nos séculos passados, os efeitos só nos dias de hoje passaram a ser sentidos de verdade e por isso têm, sobretudo no plano político, uma notável atualidade.

Lembremos que, de modo geral, o pós-guerra ainda desprezava amplamente a esfera privada. Vem à cabeça o famoso "Famílias! Como as odeio!" de Gide. Vivíamos no existencialismo nascente, que pensava apenas em nos libertar das tiranias do casamento e ilustrava, usando alguns casais como exemplo — a começar por Sartre e Simone de Beauvoir —, as supostas virtudes do "amor livre". Descobria-se, desse modo, sob a influência da psicanálise, a dimensão dos estragos causados pela hipocrisia, os segredos e as mentiras diversos aos quais a fidelidade de fachada muitas vezes conduzira as famílias tradicionais — devastação que o filme *Vida em Família*, de Ken Loach, logo descreveria com incomparável talento. Quanto à política, ela mal se recuperava de uma guerra que fora a mais homicida de toda a história da humanidade! Compreende-se que a prioridade das prioridades fosse a nação, mais do que os indivíduos. Na França, como na Alemanha e nas outras nações destruídas pela guerra, tratava-se, antes de tudo e sobretudo, de trabalhar pela "reconstrução". O bem-estar dos indivíduos viria a reboque disso. A política

A sagração da intimidade

era então, por excelência, a de "cúpulas", das relações entre os Estados e da guerra de gigantes nos negócios exteriores. Para o restante — a economia, o social —, segundo a famosa frase do General de Gaulle, "a intendência segue atrás"... Acrescentemos que até uma data recente, simbolicamente marcada pelo fato de que na metade da década de 1970 o homem deixaria de ser oficialmente o "chefe da família", esta última permanecia a principal ocupação das mulheres. Ocupação privada, é claro, doméstica, então, e por isso mesmo, "pouco viril", enquanto a política continuava, lembremos, um negócio quase exclusivo de homens.

Seria pouco dizer que a situação não é mais a mesma. Paralela às reviravoltas por que passou a condição feminina — provavelmente mudou mais em 50 anos do que em 5 mil! —, a relação da política com a vida privada inverteu-se de cabo a rabo, sem que os políticos nem a maioria dos observadores patenteados tenham se dado conta dessa revolução silenciosa com efeitos profundos, entretanto, inigualáveis. Prova disso é o fato de que, segundo o leitmotiv há anos onipresente tanto na mídia quanto no discurso de nossos dirigentes, a família de hoje está em perigo, ou até em declínio. Atacada por todos os lados, para não dizer já espatifada, estaria agora caindo em deliqüescência: recomposta, monoparental, em breve homoparental, as formas inéditas que ela ganha cada vez mais no mundo contemporâneo constituiriam o próprio sinal de sua derrelição.

Sejamos claros: esse clichê está histórica e filosoficamente errado. Ao contrário da idéia tantas vezes apresentada por pensadores tradicionalistas, a família de modo algum desapareceu com o Antigo Regime. É, inclusive, uma das raras instituições — a única? — a ter de um modo ou de outro perdurado após a Revolução, a ponto de se manter hoje

Famílias, amo vocês

mais viva e, paradoxalmente, apesar do elevado número de divórcios, mais estável do que nunca. Pode-se até dizer, com base em comparações históricas, que o laço familiar, até pela elevada taxa de mortalidade da Idade Média, é mais forte, mais rico, mais profundo e mais intenso hoje no Ocidente, e particularmente na Europa, do que foi em toda a história do casamento! Como nunca, os pais amam seus filhos, ficam paralisados de angústia diante da idéia de que o futuro possa não deixar que se "realizem" e curiosamente, na maioria das vezes, os filhos lhes devolvem o mesmo amor. E, também incessantemente, esse laço se reforça e se aprofunda.

É claro, ninguém está negando o fenômeno, relativamente recente, do crescimento do número de divórcios, sobretudo nas cidades grandes (por volta de 50% nas capitais da Europa Ocidental). É verdade, as famílias monoparentais ou recompostas existem em maior número do que nos anos 1930 ou 1950. Sem dúvida. Da mesma forma, é claro que o diagnóstico feito aqui pode esbarrar em inúmeras objeções particulares: há famílias em que as pessoas se odeiam, crianças que matam os pais, mães que estrangulam e congelam seus bebês, velhos que morrem no calor excessivo do verão sem que ninguém sequer reconheça seus corpos... Mas são exceções que confirmam a regra e não o caso geral, como, aliás, comprova bastante bem a reprovação indignada que tais atitudes sempre provocam na opinião pública e que contrasta com a absoluta indiferença que acompanhava, como vamos ver, os mesmos tipos de comportamento no Antigo Regime.

Aliás, mesmo que houvesse menos divórcios entre as duas guerras do que hoje em dia, isso não quer dizer que a família burguesa da primeira metade do século XX fosse por isso mais feliz ou mesmo mais unida. Como demonstra

A sagração da intimidade

uma leitura histórica atenta, o aumento dos divórcios está direta e quase totalmente ligado à invenção e em seguida à propagação do casamento por amor. Quando se baseia uma união apenas na lógica do sentimento, quando o laço afetivo e a afinidade eletiva são essenciais, basta que o amor se apague para que a separação se imponha: nada mais, de fato, justifica objetivamente a sua manutenção. Mas isso seria obrigatoriamente uma regressão? É discutível. Pois pode-se defender a idéia de que os casamentos de nossos avós ou bisa-vós giravam, apesar de aparências externas mais comportadas, em torno do desastre, minados que eram, muitas vezes, por um excesso de hipocrisia: as mulheres, que sacrificavam a vida sentimental e profissional em prol da esfera doméstica e eram despreocupadamente enganadas por maridos pouco cuidadosos, eram então as primeiras vítimas daquelas uniões, voltadas mais para o respeito das convenções sociais do que para as exigências legítimas dos indivíduos.

Colocar em perspectiva o casamento moderno a partir do seu ancestral faz surgir, desse modo, uma série de mudanças fundamentais que se impõem à vista do *homo democraticus*, que todos nós mais ou menos nos tornamos, com boa vantagem para o primeiro. Em todo caso, é indispensável ter consciência dessas rupturas históricas decisivas, se quisermos ter uma chance de compreender em profundidade as evoluções das relações da política com a vida privada. Quando tudo está bem, em período calmo e com tempo bom, interessamo-nos mais facilmente pelo universal. Mas cada vez que as coisas em casa ficam periclitantes — uma ameaça de divórcio, uma doença grave de um filho, o desemprego, a morte de alguém próximo etc. —, o privado volta ao primeiro plano com ainda mais força, por se ter tentado abstraí-lo. Hão de dizer, com toda razão, que foi este sempre o caso.

Famílias, amo vocês

Entretanto, a política, como veremos adiante, ignorava isso e continuava sem qualquer hesitação a sacrificar a vida privada em prol das exigências reais ou, supostamente, de "interesse comum". Todas as guerras comprovam. Foi exatamente o que mudou e, sem sombra de dúvida, sob influência da história da família moderna. É essa evolução das relações público/privado que se deve tentar analisar e compreender se quisermos situar corretamente os desafios da política com relação às expectativas atuais, às vezes inéditas e de espantosa força, das famílias. Uma perspectiva histórica revela-se, no presente caso, infinitamente mais profunda e mais interessante, ou até mesmo simplesmente mais útil até do ponto de vista apenas "pragmático", do que as pretensas lições que nossos politólogos acreditam tirar quase cotidianamente de suas sondagens superficiais.

Entre todas essas mudanças, a mais importante, a primeira ruptura, se assim quisermos, sem dúvida alguma reside na passagem do casamento de "conveniência" — freqüentemente organizado pelos pais ou até mesmo, ainda que por intermédio deles, pela comunidade inteira do vilarejo, a partir de critérios econômicos ou de linhagens — a um casamento por amor, livremente escolhido pelos próprios parceiros. A literatura e o teatro do século XVII repercutiram essa revolução da intimidade. Cito a maneira como um dos nossos melhores historiadores, François Lebrun, descreveu essa mutação capital, para compreender o nascimento dos novos princípios do sentido: "Em comparação a hoje, as funções da família conjugal de ontem eram essencialmente econômicas: unidade de consumo e unidade de produção, ela devia, além disso, assegurar a conservação e a transmissão do patrimônio. O casal formava-se sobre tais bases econômicas por escolha e vontade dos pais ou, às vezes, dos próprios interessados, mas

A sagração da intimidade

sem que os sentimentos desses últimos realmente contassem... Em tais condições, a família apenas muito secundariamente podia ter funções afetivas e educadoras. O bom casamento era o casamento de conveniência e não o casamento por amor; é claro, o amor podia ulteriormente nascer, a partir da vida em comum, mas um amor cheio de reservas, nada tendo a ver com o amor-paixão, legado às relações extraconjugais."

A nós, herdeiros dos românticos, o princípio da união sentimental nos parece regra obrigatória. A maneira como nós representamos o casal afastou quase toda a significação que ele ainda tinha na idade clássica: assegurar a perenidade da linhagem e da propriedade familiar com a responsabilidade, compartilhada pelos esposos, pelas necessidades de produção e reprodução. Chegamos até a ridicularizar a idéia de um "casamento por dinheiro" ou um "casamento por interesse", pois os objetivos de tais associações tornaram-se, a nosso ver, mesquinhos quando comparados a outro objetivo bem mais sublime: aquele, simplesmente, do amor compartilhado, simultaneamente princípio e finalidade última de uma união, que ninguém mais nos pode impor, já que se apóia inteiramente na afinidade eletiva e na escolha livremente consentida.

Tudo esquecemos, então, ou quase tudo, em relação às finalidades e aos motivos fundadores do antigo casamento — uma união que se impunha pela força a protagonistas sem qualquer margem de liberdade, pois os princípios tradicionais tinham sempre a última palavra. Para se ter uma idéia, basta refazer a progressão dessa revolução tranqüila pela maneira como se descortinou na literatura. Foi certamente nas peças de Molière que o grande público viu pela primeira vez filhos se revoltarem contra os pais, exigindo o direito de se casarem por amor (em vez de serem casados por "conveniência"). Até

Famílias, amo vocês

uma data relativamente recente, esse crescimento potencial do sentimento percorreu a quase totalidade da história da literatura romanesca. Ele ecoa ainda nos contos de Maupassant, a exemplo do que se intitula *Jadis* e que, de maneira extremamente típica das rupturas históricas da época moderna, põe em cena conversas sobre o amor, levadas entre uma senhora e a sua neta. Lendo o jornal para a avó, que já não enxerga muito bem, ela conta um caso policial em que uma mulher enganada dá um tiro no marido, joga ácido na amante e sai do julgamento sob os aplausos da multidão, absolvida por um júri preocupado em proteger a instituição do casamento. Cito a reação da senhora francesa, nascida numa época em que o casamento por amor não só inexistia, mas seria, além disso, considerado inapropriado, para não dizer imoral:

— Mas vocês estão loucos hoje em dia, estão loucos! Deus, bondoso, lhes deu o amor, a única sedução da vida; o homem acrescentou o galanteio, única distração das nossas horas, e vocês juntam ácido e revólver, como se pusessem lama em um jarro de vinho da Espanha!...

— Mas o casamento é sagrado, vovó!

A anciã estremeceu em seu coração de mulher nascida ainda no grande século galanteador:

— O amor é que é sagrado — disse ela. — Escute bem, mocinha, essa velha que viveu três gerações e sabe muito, muito sobre os homens e as mulheres. O casamento e o amor nada têm a ver juntos. Casa-se para se fundar uma família e forma-se uma família para a constituição da sociedade. Não há sociedade sem casamento. A sociedade é uma cadeia, e cada família um elo. Para soldar esses elos, devem-se sempre procurar metais iguais. No casamento devem-se unir conveniências, combinar fortunas, juntar raças semelhantes e trabalhar para o interesse comum, que consiste na riqueza

A sagração da intimidade

e nos filhos. Casa-se apenas uma vez, mocinha, e porque o mundo assim exige; mas pode-se amar vinte vezes durante a vida, porque a natureza nos fez assim. O casamento! É uma lei, como vê, e o amor é um instinto que nos leva ora para um lado, ora para outro...

Ou seja, o amor sempre existiu, é claro, mas não como paixão no sentido próprio, como vontade de se obrigar a viver dentro dessa unidade e dessa fidelidade, simbolizadas por essa estranha e incompreensível mistura de gêneros chamada "casamento por amor", com toda a concepção radicalmente nova da família e da relação com os filhos que isto implica. A avó, que continuava vivendo conforme os valores do Antigo Regime, tinha como referência os grandes mitos amorosos — Tristão, os Cavaleiros da Távola Redonda, Heloísa e Abelardo... todos eles situados *fora da instituição*. Como ela, horrorizada, pressentia (pois via também apenas o aspecto negativo da história...), a conciliação do casamento com o amor revolucionaria a vida dos indivíduos.

Lembremos ainda, dentro do mesmo espírito e a título de exemplo particularmente eloqüente, que na França da Idade Média, em virtude de um édito de fevereiro de 1556 contra "casamentos clandestinos", os filhos que se casassem sem autorização dos pais eram deserdados e declarados fora-da-lei. Em 1579, um decreto da cidade de Blois considerava "raptor" e punia com a morte "sem esperança de graça nem perdão" quem se casasse sem o consentimento dos pais com "menores" de menos de 25 anos de idade! A idéia nos parece tão arcaica que deixamos de lado o fato de que tinha, do ponto de vista dos homens e das mulheres da época, sólidas razões de ser. Sem dúvida, é a evidência mais difundida do nosso tempo, talvez a única a suscitar uma tal unanimidade: a vida comum é caso de sentimento e de escolha, ela tem a ver com

Famílias, amo vocês

decisões individuais *privadas*, isto é, excluídas tanto quanto possível do controle da sociedade como um todo. Inclusive é em nome dessa visão "sentimental" das relações humanas que o casamento, mesmo por amor, é às vezes questionado: ainda se estaria cedendo muito às tradições, uma inútil concessão à comunidade, enquanto os sentimentos autênticos deveriam ser poupados. Mas é também em nome dessa lógica do amor que outras categorias da população, sempre deixadas de fora, como padres e homossexuais, por exemplo, passaram a não querer mais ser excluídos do padrão comum.

A segunda ruptura, que todos os historiadores da família concordam em salientar, está diretamente ligada à primeira: por mais estranho que possa parecer aos homens de hoje, no tempo antigo a intimidade simplesmente não existia, nem entre o povo nem entre as elites. Tanto na cidade como no campo, a imensa maioria das famílias vivia em um só aposento, o que de fato excluía a possibilidade de qualquer forma de *privacy*. Mas o que leva a crer que a intimidade não era ainda um objeto de desejo é que sequer era respeitada pela burguesia ou pela aristocracia que, no entanto, tinham os meios econômicos para isso. Ao analisar a arquitetura das casas grandes nobres e burguesas, Philippe Ariès mostrou como os cômodos, apesar de numerosos, não tinham qualquer função particular naquele sentido, comunicando-se abertamente uns com os outros, numa promiscuidade que nos pareceria hoje insuportável. Foi preciso esperar o século XVIII para que surgissem as divisórias e os corredores, com o intuito de assegurar a autonomia e o isolamento das diferentes peças.

Outra face do não-reconhecimento da esfera privada: a comunidade se permitia intervir na vida familiar de uma maneira que nos pareceria hoje inconcebível. Entre tantos

A sagração da intimidade

outros sinais, uma prova disso era a prática do charivari, cujo estudo é absolutamente crucial para a compreensão das evoluções da família moderna. É significativo que essa estranha e barulhenta cerimônia, com que a comunidade exprimia sua reprovação em relação a um casal em desvio, visasse, sobretudo, aos maridos traídos ou espancados. Pode nos acontecer hoje em dia, como antigamente, de sabermos de mulheres ou maridos enganados: não nos viria certamente à cabeça tocar no assunto diante deles e menos ainda fazer qualquer crítica a respeito. Não é o que ocorria na Idade Média. A idéia de base dessa punição pública que era o charivari consistia no fato de que, por fraqueza e incapacidade de estabelecer a autoridade de chefe de família, os maridos traídos punham a comunidade em perigo. Nessas condições, ela se dava o direito de uma chamada à ordem em um campo que, vemos então, não era ainda considerado estritamente privado: o infeliz e sua mulher eram trancados em casa por 48 horas seguidas, e todos batiam nas paredes, com pás e picaretas, dia e noite se necessário, para que o culpado não esquecesse seus deveres. Certas regiões associavam o charivari à *azouade*, em que o infeliz marido era carregado por todo o vilarejo sentado de costas em um asno. Jean-Louis Flandrin, um dos nossos melhores historiadores das mentalidades antigas, sublinhou[*] como sintoma do peso exorbitante da comunidade nos negócios de família o fato de que, na falta do marido (podia ter fugido a tempo...), o mais próximo vizinho era então colocado sobre o asno, e isso para lembrá-lo do dever de vigilância, ou seja, de sua responsabilidade indireta sobre a má conduta de seus concidadãos!

---

[*] Em seu livro intitulado *Familles. parenté, maison, sexualité dans l'ancienne société* (Famílias. Parentesco, casa, sexualidade na sociedade antiga), Le Seuil, 1976.

Famílias, amo vocês

A terceira ruptura é aquela constituída pelo advento do amor parental. É claro, não deixa também de ser um efeito das duas primeiras, pois o casamento por amor, escolhido pelos indivíduos e não mais imposto pela tradição, constitui uma das condições mais seguras do afeto pelos filhos. Entenda-se, seria totalmente absurdo assegurar que "o instinto" ou o amor materno não existiam antes do casamento por amor. São conhecidas, desde a mais alta Antigüidade, descrições, mitos e lendas relatando o amor apaixonado de mães e pais por esse ou aquele dos seus filhos. Sem dúvida, fora isso e sem se falar de paixão propriamente, sempre houve um mínimo de apego dos pais por sua prole, nem que fosse sob a forma natural e biológica que se observa entre a maior parte das espécies animais. Mas resulta que uma das conclusões mais espantosas dos estudos dedicados à história da família moderna é que o amor dos pais estava longe de ser uma prioridade, como se tornou para a maioria dos casais de hoje.

Realmente muito longe, como comprova essa anedota bem simples e conhecida, mas extremamente significativa de uma mentalidade que evoluiria de forma muito lenta entre os séculos XVI e XVIII: Montaigne, o grande humanista, confessou não se lembrar do número exato dos seus filhos mortos quando ainda eram amamentados pelas amas-de-leite! Fora isso, sabe-se que Rousseau, autor do maior livro já dedicado à educação, abandonou sem hesitar seus cinco filhos. Bach e Lutero perderam, cada um, uma "dezena" de crianças, com uma real amargura, sem dúvida, mas à qual era preciso a cada vez se habituar. Tudo isso mostra bem o abismo que nos separa do Renascimento, ou até do século das Luzes. Ainda mais porque a atitude de Montaigne, como, aliás, a de Rousseau, não vinha de qualquer frieza de coração dos filósofos propriamente. Era simplesmente o sintoma de

A sagração da intimidade

um comportamento dominante na época, com relação a esses seres "em potencial", e por isso de menor interesse, que eram as crianças.

Em uma perspectiva análoga, podemos notar que a noção de "deveres" dos pais com relação à prole só parece se impor ao conjunto da sociedade a partir do século XVIII — e isso de forma muito variada conforme as camadas sociais. No essencial, a relação era inversa àquela da idade clássica. Como mostrou Jean-Louis Flandrin, "estimava-se ainda, no século XVII, que a criança devia tudo a seu pai, pois lhe devia a vida". Que um pai se sacrificasse por seus filhos era um dos paradoxos do cristianismo, e o sacrifício de Cristo tinha ainda no século XVII essa singularidade paradoxal: "Os pais dão a vida a seus filhos, e isso sem dúvida é uma grande dádiva", dizia o padre Cheminais, na segunda metade do século, "mas nunca se viu pai que tenha conservado a vida de seus filhos com seu próprio sangue e que tenha morrido para que eles vivessem, como nosso pai celeste".

"Nunca se viu pai...": sem dúvida, a afirmação tinha como finalidade destacar a forma excepcional e admirável do sacrifício aceito por Cristo. Mas, para que fosse utilizado, o argumento precisava contar com a receptividade de quem o ouvia. A constatação é corroborada pelo estudo dos catecismos e manuais de confissão surgidos entre os séculos XIV e XVIII: até a metade do século XVI, todos evocavam longamente os deveres das crianças com relação aos pais, quase nunca o inverso, e apenas de maneira muito progressiva, tímida, a idéia se introduziu, a partir do final do século XVII, até florescer no século XVIII. Singular contraste, cuja origem Flandrin explica da seguinte maneira: "Nas elites sociais daquele tempo, muitos chefes de família estavam voltados para a ascensão de sua casa, e uma família muito

Famílias, amo vocês

numerosa podia arruinar essa ambição (...) Nessas famílias, quem sustentasse a esperança de ascensão social do pai tornava-se seu preferido. Quando, pelo contrário, uma dúzia a mais de crianças impedia o pai de engordar sua fortuna e roubava do herdeiro uma parte do patrimônio, pondo assim em perigo a ascensão da família, era compreensível que ele as visse com maus olhos. De maneira geral, a incapacidade de controle dos nascimentos multiplicava os filhos indesejados. E a esperança de se livrar de alguns pela morte podia se insinuar com certa facilidade nos espíritos, uma vez que a mortalidade infantil era, como se sabe, considerável, sobretudo entre as crianças da cidade deixadas com amas-de-leite no campo. Aliás, seria sem nenhuma má intenção que, em muitas famílias burguesas, a mãe amamentava o herdeiro e entregava os caçulas às amas-de-leite?"

Essa terrível suspeita parece ainda mais se justificar, uma vez que a contratação de uma ama-de-leite, que servia de um quinto a um sexto dos recém-nascidos no século XVIII, significava muitas vezes uma pura e simples condenação à morte. E os pais, ao que parece, não ignoravam isso. Os números, aliás, falam alto: na última metade do século XVIII, entre 62% e 75% das crianças deixadas com amas-de-leite morriam antes de completar um ano de idade! Essas "pequenas mortes" não pareciam perturbar nem a família, nem a sociedade, nem as amas-de-leite mercenárias: Flandrin cita o caso de uma em especial que, em 20 anos de carreira, teve 12 protegidos e não devolveu um único com vida, sem que o fato chocasse quem quer que fosse. Pode-se imaginar com que rapidez e severidade tal ama-de-leite seria julgada nos dias de hoje!

Sabe-se também o quanto era comum a horrível prática de se embrulhar excessivamente a criança. Constituía não só

A sagração da intimidade

um verdadeiro suplício para os bebês, mas punha também, no mínimo, sua saúde e vida em perigo: em certos casos, a morte era certa. Quanto ao abandono, mesmo um autor como o historiador americano John Boswell,* achou, apoiado nas mais recentes pesquisas, que o número devia alcançar, já no século XVIII, cerca de 30% dos nascimentos registrados! Destino funesto, pois em Paris, onde se dispõe de dados numéricos confiáveis, entre as crianças encaminhadas aos hospitais, no máximo uma em cada dez alcançava a idade de 10 anos, tão alta era a mortalidade causada pelas doenças, mas também pela indiferença e pelos maus-tratos.

Sob a mesma perspectiva, François Lebrun cita como perfeitamente autêntica e real essa descrição de época das condições em que os recém-nascidos abandonados no interior eram encaminhados ao grande hospital parisiense: "É um homem que carrega em suas costas as crianças recém-nascidas, dentro de uma caixa acolchoada em que podem caber três. Elas são colocadas de pé com suas roupas, respirando o ar pelo alto. O homem só pára na hora das suas próprias refeições e para fazê-las mamar um pouco de leite. Quando ele abre a caixa, encontra muitas vezes uma delas morta e termina a viagem com as duas outras, impaciente para se livrar de sua carga. Depois de deixá-las no hospital, ele imediatamente parte de volta, para retomar a mesma atividade, que é o seu ganha-pão." Uma vez mais, nota-se como é difícil realmente perceber a dimensão do abismo que separa a família moderna, no entanto tão criticada hoje em dia, da família antiga, de tal forma idealizada que a descrição realista dos historiadores pa-

---

* Ver seu livro *The Kindness of Strangers: The Abandonment of Children in Western Europe from Late Antiquity to the Renaissance*, 1989 (A bondade de estranhos: o abandono de crianças na Europa Ocidental, desde a Antigüidade até a Renascença).

Famílias, amo vocês

rece ter algo de surrealista. Uma última indicação numérica, que não vai mais espantar após o que já foi dito: estima-se que nove décimos das crianças morriam, fosse diretamente, no decorrer do trajeto, fosse pelo menos nos três meses seguintes à entrada no hospital, sem que a sociedade nem a consciência comum se chocassem minimamente.

Como o amor e o afeto vieram tomar o lugar desses vínculos tradicionais e da indiferença? Por quais razões de fundo semelhante revolução das mentalidades tornou-se regra? É a questão da qual não podemos nos desviar, se quisermos compreender em que sentido a família foi um dos vetores, certamente o mais poderoso, para o surgimento de um humanismo finalmente livre das abstrações filosóficas, científicas ou jurídicas com que vem normalmente enfeitado nas histórias da filosofia. Foi nesse ponto, nessa mutação capital, que se deu a passagem das transcendências verticais que Nietzsche criticou, tratando-as de "ídolos", para as transcendências horizontais que, situadas na mais radical imanência, podem fundar um humanismo pós-nietzschiano.

O fato é suficientemente raro para ser apontado e, apesar da diversidade, as interpretações dos historiadores convergiram em um ponto essencial: foi em conseqüência da passagem de uma sociedade holística e hierarquizada para uma sociedade individualista e igualitária que o peso afetivo aumentou nas relações pessoais. O historiador americano Edouard Shorter* propôs, quanto a isso, um enfoque que tem o mérito de associar profundidade à clareza: contrariamente à leitura marxista superficial, o surgimento do assalariado constituiu, no fim da Idade Média, não uma nova forma de exploração, pior do que todas as outras, mas pelo contrário

---

* *La naissance de la famille moderne* (O nascimento da família moderna), Le Seuil, 1977.

A sagração da intimidade

uma formidável emancipação dos indivíduos com relação às comunidades tradicionais que os aprisionavam, por assim dizer, e os controlavam permanentemente. Com o surgimento do capitalismo e de seu corolário, o assalariado, os homens e as mulheres se viram obrigados, primeiramente no mercado de trabalho, depois em sua vida privada, a agir como indivíduos *autodeterminados*. Ficaram, por assim dizer, na obrigação de serem livres, desafiados a dar prosseguimento às suas próprias metas e a seus interesses particulares. E esses novos imperativos se traduziram de maneira bem concreta na obrigação de abandonar as antigas comunidades a que pertenciam — para as camponesas, por exemplo, tratava-se de "ir para a cidade" trabalhar em casas burguesas, o que lhes conferia, apesar de tudo, uma margem de liberdade totalmente inédita em comparação com o peso dos costumes e dos controles sociais tradicionais. Pois bem, essa é, em substância, a tese de Shorter, segundo a qual os reflexos individualistas e as exigências de liberdade mantiveram-se coesos: adquiridos na esfera do mercado, pouco a pouco transferiram-se para a da cultura e das relações humanas. Em todos esses campos, com efeito, o peso da comunidade diminuiu na medida do aumento da livre decisão individual. Como aqueles ou aquelas que escolhiam seu trabalho e tinham, graças ao salário, uma independência material, não viriam a querer fazer o mesmo com relação à vida privada, escolhendo também suas companheiras ou companheiros? A lógica do individualismo que se introduziu nas relações humanas as elevou, assim, à esfera do amor moderno, eletivo e sentimental.

Mas com o surgimento de uma nova concepção do casamento, com a paixão pelos filhos, que implicaria e se desenvolveria aos poucos, foi simplesmente *a questão do sentido da vida que se viu revirada de cima a baixo*: pois a

Famílias, amo vocês

partir dali seria o amor profano — e não mais o amor a Deus — a dar à existência dos indivíduos a sua significação mais manifesta.

Humanização do divino e divinização do humano, ou como passar de transcendências "verticais" para transcendências "horizontais"

Nossas sociedades laicas repuseram Deus em seu devido lugar: o de objeto de uma crença, claro que eminentemente respeitável, mas sem ter por que interferir mais do que outra qualquer no espaço público e, sobretudo, no estabelecimento de leis que passaram a ser do domínio dos homens. Foi o que chamei fim do teológico-político, desencantamento do mundo ou, como prefiro, *humanização do divino* — pois no decorrer desse lento e inelutável movimento da história moderna, o conteúdo da religião cristã, com suas raízes judaicas, não deixou de continuar alimentando, de forma secularizada, é claro, inúmeros valores democráticos, a começar pela igual dignidade dos seres humanos. O tema já foi tão bem demarcado que não preciso mais insistir.

Mas isto, em contrapartida, nem tanto: *contrariamente ao que levava a crer um século de desconstrução, apoiado, no final do percurso, em uma globalização que tende a reduzir tudo à lógica do mercado, os valores transcendentes de forma alguma desapareceram. Segundo a imagem canônica dos vasos comunicantes, eles se deslocaram: à medida que abandonaram o céu, desceram à terra, onde finalmente foram encarnados no cerne da própria humanidade.* É o que nos ensinaria, se entrássemos nos detalhes, uma história do sacrifício — quer dizer, uma história dos motivos pelos quais os seres humanos aceitaram

A sagração da intimidade

correr riscos, ou até dar a vida por algo que, não importa se certo ou errado, parecia-lhes sagrado. Ao contrário do que deveriam ser as conseqüências lógicas de um universo finalmente desencantado, continuamos, sejamos materialistas ou não, estimando que certos valores podem, se necessários, nos levar a correr riscos. O já citado slogan dos pacifistas alemães — "melhor vermelho do que morto" — afinal não convenceu totalmente o conjunto dos nossos contemporâneos e, com toda evidência, muitos deles, não necessariamente "crentes", ainda acham que o risco zero e a preservação da própria vida não são em absoluto os valores supremos. Tenho inclusive a convicção de que, se fosse necessário, alguns ainda seriam capazes de recorrer às armas para defender seus próximos ou resistir diante da opressão, ou que, pelo menos, mesmo sem coragem de levar isso ao pé da letra, não achariam a atitude indigna nem absurda.

A própria noção de sacrifício, porém, é inseparável da noção de sagrado — podendo este último no fundo se definir como aquilo que faz com que a pessoa aceite, se necessário, a pagar com a própria vida, a "sair de si mesma", arrancando-se do tão querido Ego, cuja evidentíssima onipresença na cultura individualista, aliás, ninguém mais pensa em negar. O sacrifício implica que se admita, mesmo que de maneira sub-reptícia, sem que se ouse confessar, de tal modo isso parece fora de moda e contrário aos ensinamentos do mundo desconstruído, que existem valores transcendentes, pois superiores à vida material ou biológica. Daí a emergência de um novo humanismo, um humanismo pós-metafísico e pós-nietzschiano que não pensa mais os valores conforme o modelo clássico do idealismo ou dos ídolos já espatifados pelo martelo de Nietzsche: não se trata mais de dar ênfase a entidades sacrificais situadas em qualquer *além* que seja,

Famílias, amo vocês

mas, ao contrário, de reconhecer na experiência vivida, na imanência da vida de todo dia, imagens da relação com o outro que, bem simplesmente, *criam obrigação*. Queiramos ou não, aliás, pois essas obrigações parecem se impor a nós sem que sequer tenhamos que pensar nisso, como se nossa relação com a transcendência não fosse mais fruto de uma crença e menos ainda de uma instituição autoritária, mas de uma experiência quase factual. Como muito bem assinalou Henri Dunant, o criador da Cruz Vermelha, em *Lembrança de Solferino*: era simplesmente impossível agir de outro modo, impossível permanecer indiferente, não parar a diligência diante do espetáculo daqueles milhares de soldados mutilados de forma atroz, banhados no próprio sangue e esperando a morte certa, já que ninguém viria ajudar.

Talvez se possa medir aí tudo o que separa esse sentimento "de ser convocado" da relação que a humanidade mantinha com seus ex-ídolos: a glória de Deus, o serviço à pátria, a causa da revolução proletária... Com toda evidência, os motivos plausíveis do sacrifício mudaram. Não conheço ninguém, sobretudo entre os jovens, que ainda se encontre pronto para morrer por esses empolamentos metafísicos. Certamente ainda existem "loucos por Deus" na terra, mas, sejamos francos, não na Europa, e ainda bem. Por aqui, os nacionalismos não têm mais sucesso de bilheteria e, quanto à revolução, a própria idéia se tornou quase cômica. Os que ainda conservam algum ponto de honra nesse sentido, alguma surda saudade dos engajamentos por Che ou por Mao, nem por isso deixaram de desistir de qualquer fantasia de traduzir isso em ações concretas. Em contrapartida, se a liberdade de pensar e a de ir e vir for impedida e, mais ainda, sem dúvida, se seus próximos estiverem sendo ameaçados pessoalmente, tenho certeza de que encontrarão

A sagração da intimidade

motivações para tal ação. Quando um homem cheio de ódio, que se autodenominou "HB" (*human bomb*), teve a má idéia de pegar como reféns crianças de uma escola primária há alguns anos, em um subúrbio de Paris, fato é que todos os pais, sem a menor hesitação nem exceção, se apresentaram como voluntários para ir negociar com ele. Todos estavam prontos a arriscar a vida para salvar quem amavam — mostrando, sem sombra de dúvida, que eram menos materialistas e desencantados do que provavelmente eles próprios imaginavam. Pois, afinal, arriscar a vida, seja qual for o motivo, é e sempre será algo difícil, tão difícil que na verdade é difícil ver o que poderia significar, em relação a isso, o qualificativo "egoísta". Os valores sacrificais haviam simplesmente descido do céu das idéias — dos ídolos — para se encarnar no humano.

Pode-se notar, aliás, de passagem, pois será importante para os argumentos seguintes, que as entidades sacrificais dos tempos passados, aquelas transcendências que se podem chamar "verticais" por se situarem acima das nossas cabeças, formam espécies de degraus de uma escada, indo do mais transcendente ou, se preferirem, do menos humano, ao mais imanente à humanidade: Deus está mais distante de nós do que a pátria que, já em grande parte, é apenas uma coleção de indivíduos associados a uma história, um território e uma língua. E a pátria, por sua vez, se mantém mais "acima" das pessoas — a França não se reduz aos franceses — do que a revolução, já que essa última resulta de um projeto pelo qual cada um se engaja em princípio livremente. Fato é, contudo, que tais motivações de sacrifício estão mortas, ou quase, sob o ponto de vista dos homens e das mulheres de hoje, pelo menos daqueles que foram, por assim dizer, "humanizados" pela já longa história da democracia européia. Por isso, no

Famílias, amo vocês

que concerne às *transcendências de antigamente, por assim dizer, pré-desconstrucionistas, nós de modo algum substituímos sua imanência radical, sua renúncia do sagrado e, ao mesmo tempo, do sacrifício, como a desconstrução previa e a lógica do mercado incentivava, mas sim trouxemos novas formas de transcendência, as transcendências "horizontais" e não mais verticais: enraizadas no humano, no vivido e na experiência, e não mais em entidades externas e superiores.*

Foi nesse sentido que muitas vezes evoquei o projeto de um humanismo pós-metafísico e pós-nietzschiano, de um "humanismo do homem-deus" que me parece ser amplamente a conseqüência de uma sacralização do humano de uma forma inédita, paralela à humanização do divino, e que a secularização e o desencanto do mundo democrático engendraram. Isto é, não é que eu divinize o homem no sentido idólatra, como se fosse ele "formidável" ou "assombroso". Basta abrir os olhos para o mundo ao redor e constatar o contrário. Simplesmente, apesar de todos os defeitos e todas as fraquezas, para além de seu egoísmo sem dúvida congenial, é nele mais do que em qualquer outra parte que se encontram hoje em dia razões para se "sair de si", amar e respeitar, às vezes até admirar algo que, na outra pessoa, de alguma maneira, nos cria obrigação *absolutamente*. E é isto, me parece, que é importante pensar se quisermos deixar de viver nessa insustentável denegação, que consiste em reconhecer em sua experiência íntima a existência de um "absoluto prático", de valores absolutamente imperativos, mesmo se mantendo, no plano teórico, na defesa de uma crítica dos ídolos que tende ao relativismo e leva a reduzir o absoluto à condição de uma simples ilusão a se superar.

A sagração da intimidade

A transcendência na imanência ou o coletivo enraizado no individual

No plano puramente filosófico, com efeito, a questão toda consiste em saber em que medida essa nova figura da transcendência se enraizando, sem dúvida pela primeira vez na história, na imanência da própria humanidade pode pretender escapar do martelo de Nietzsche e mais amplamente dos diversos ácidos espalhados por um século de desconstrução. É esta a grande aposta desse humanismo, que talvez possa ser melhor compreendido agora porque o chamei "pós-nietzschiano", "pós-vanguardista" ou "pós-desconstrucionista". Pouco importam, no fundo, os termos. O desafio é imenso e, no entanto, evidente. Ele pode ser formulado simplesmente da seguinte maneira: é possível se conceber a transcendência de um modo que não seja idólatra e "niilista", no sentido dado por Nietzsche a esse conceito? Existem ideais que, em um mundo de hiperconsumo, onde tudo parece imanente às lógicas do mercado e da competição, possam sonhar novamente vingar no coração dos humanos?

Acho que sim e por isso apresentei, em um campo que não era originalmente o seu, o conceito de "transcendência na imanência": a idéia de uma transcendência que não seja mais um "ídolo", uma bolha metafísica, e sim, como demonstrou a fenomenologia de Husserl, da qual tirei a expressão, uma "experiência vivida", não mais simplesmente descida do céu, mas diretamente nascida na terra ou, como ainda disse Husserl, no "mundo da vida" (Lebenswelt). De fato, qualquer que seja o valor considerado, que se trate da verdade, da justiça, da beleza ou do amor, é primeiramente *em mim*, na imanência da minha consciência e em nenhum outro lugar, em não sei qual céu de idéias ou se por efeito de

Famílias, amo vocês

algum argumento de autoridade, que sinto a transcendência: que 2 + 2 somem quatro, é por mim mesmo que tomo consciência disso, sem me referir a um princípio externo, a uma instituição, a uma idéia teológica ou metafísica, e por isso eu "sinto" perfeitamente que nada posso, que nessa verdade simplíssima algo que me ultrapassa acontece, sem se remeter mais à minha particularidade subjetiva. *Por isso, o sentimento de transcendência é paradoxalmente imanente à minha vivência* e, como tal, renuncia a tomar a forma de um ideal ou de um ídolo que se exponha mais facilmente aos golpes da desconstrução.

Pode-se objetar que isso possa ser uma ilusão e que a experiência como tal nada prova. De maneira geral, essa noção, aliás, suscita tantas objeções que desagrada tanto aos que têm fé quanto aos defensores da desconstrução. É bem fácil compreender as raízes dessa hostilidade.

Para os que crêem, de fato, a noção de uma transcendência se encarnando "apenas" na humanidade parece, no final das contas e apesar da simpatia que possa suscitar por seus aspectos antimaterialistas, idólatra demais para ser aceitável. Do ponto de vista religioso, só existe transcendência a partir de Deus, e a imanência do sagrado no mundo humano não tem como satisfazer um espírito teológico. Para o desconstrutor, pelo contrário, mesmo que formulada de maneira "humana", e até demasiadamente humana aos olhos dos que crêem, essa transcendência, afinal e apesar de tudo, parece um tanto religiosa demais para ser honesta. Ora, o humanismo pós-nietzschiano que proponho se baseia na constatação de uma exterioridade ou uma transcendência radical de valores, mas justamente *afirmando que elas se manifestam exclusivamente na imanência da consciência*. Eu não *invento* a verdade, a justiça, a beleza ou o amor, eu os *descubro* em mim mesmo, mas como algo que me ultrapassa e que, por assim dizer, me é dado a partir de fora — sem que eu possa identificar o fundamento último dessa doação. Subsiste um mistério da transcendência que não há como se assimilar. *E é precisamente esse mistério que o materialismo desconstrutor e a teologia só podem rejeitar.* Ambos realmente acreditam acabar com essa insustentável flutuação da transcendência, fixando-a de maneira enfim sólida e firme em uma fundação última: material para uns (que criam assim uma ilusão), divina para outros, mas, nos dois casos, certa e definitiva. Tanto para um como para outro, ainda, uma filosofia que não termina na descoberta de um fundamento último[*] deixa imperfeita, incompleta, para não dizer irracional, a explicação do nosso sentimento de transcendência.

Mas essa busca do fundamento último passa ao largo daquilo que a vivência tem de específico e que está ligado à sensação de uma obrigação de natureza totalmente particular, que a fenomenologia tentou delimitar. Com efeito, quando digo, retomando essa imagem simbólica, que 2 + 2 somam 4, estranhamente tenho a irreprimível sensação, por assim dizer incontornável, de que não pode ser de outro modo, que isso não depende, por assim dizer, de uma questão de gosto. E isso vale, a fortiori, para todas as verdades científicas que se impõem a nós como incontestáveis, pelo menos em parte, assim que vêm daquela esfera que Bachelard designou como verdades "sancionadas" (ou, como disse Popper, "não falsificadas") pela experiência. Pelo contrário, se eu pensar por exemplo na mesa em que escrevo nesse momento, de forma alguma tenho a mesma impressão de tratar com algo incontornável: enquanto 2 + 2 só podem somar 4, seria

---

[*] Mesmo que infundado e múltiplo, como as pulsões em Nietzsche.

Famílias, amo vocês

perfeitamente possível que a mesa não estivesse aqui, que eu escrevesse sobre outro suporte ou outra mesa, pouco importa. Ou seja, a experiência dos valores transcendentes, sem estar ligada a um ídolo, a uma idéia platônica ou religiosa, não deixa de ter uma particularidade própria, uma especificidade que eu sinto no interior da minha vivência como uma obrigação, da qual apenas a descrição fenomenológica pode chegar a dar conta.

Não cabe aqui desenvolver esse conceito, cuja origem* hei de discutir em outro livro para melhor desvendar todo seu rigor e riqueza. Minha intenção aqui não é traçar uma

---

* A problemática, senão a fórmula, remete-se na verdade a Leibniz. Acha-se, às vezes, que se trata de um conceito "vago", de um oximoro um tanto duvidoso. A noção de transcendência na imanência, pelo contrário, encobre uma problemática de abissal profundidade e exemplar rigor. Tem sua origem na filosofia cartesiana, mas também se desenvolveu no empirismo e na filosofia transcendental, até florescer na fenomenologia. Digo mais uma palavra sobre suas origens a quem se interessar pela história da filosofia: na monadologia de Leibniz, as mônadas são, segundo a fórmula consagrada, "sem portas nem janelas". São átomos fechados em si mesmos e, como tal, perfeitamente impermeáveis em relação ao mundo exterior. Daí a questão, crucial em toda perspectiva "idealista", como já se via na dúvida cartesiana, do critério que permitiria se distinguir com certeza o sonho da realidade: como, de fato, já que não podemos sair de nós mesmos para ir ver a realidade lá fora, termos certeza de nossas representações serem "objetivas"? Dada a listagem de tarefas da monadologia, compreende-se ser *na imanência* da mônada e de suas representações que será preciso encontrar o critério da objetividade, quer dizer, naquilo que, de certa maneira, *transcende* a mônada e se abre para algo exterior a ela. A solução de Leibniz que, grosso modo, fez da objetividade científica um "sonho bem amarrado" é, sem dúvida, menos interessante do que a situação do problema que percorre toda a história da filosofia moderna: pode ser verificada, é claro, em Berkeley e em Hume, mas também em Kant, até encontrar sua formulação mais bem-acabada com seu maior discípulo Husserl e, sobretudo, na teoria da intencionalidade. A problemática da transcendência na imanência nada tem de vaga nem de confusa, pelo contrário, anuncia o que a transição entre a filosofia transcendental e a fenomenologia oferece de mais rigoroso.

A sagração da intimidade

história das idéias, mas, como se pôde perceber, está mais diretamente ligada às preocupações da vida coletiva e política. Basta-me ter, apesar de tudo, sugerido como a evolução das relações entre essa vida pública e a esfera privada se enraíza também em um fundo filosófico forte que, em boa parte, dá conta dessa formidável explosão dos valores da intimidade, que, vamos poder agora mostrar, vai necessariamente revolucionar o jogo político.

IV

O QUE FAZER?

Como a história da vida
privada reinventou o coletivo

Nas ocasiões em que evoco em público os dois anos que passei na política à frente do Ministério da Juventude, da Educação e da Pesquisa, já me aconteceu de comparar meu ministério a um cavalo, tentando trazer para o meu lado os brincalhões e relaxar o ambiente. Explico que quando o presidente Chirac me fez o convite através de Dominique de Villepin, na época secretário-geral do palácio do Elysée, propondo-me o ministério, achei que poderia com ele "ir adiante": aquela grande administração não era nenhum asno teimoso, mas um bom trotador com o qual se pode viajar, ir de um ponto a outro, levando cargas pesadas. Não tinha, é claro, percebido o essencial: a verdade é que nós entramos em um esporte bem particular, *o rodeio*, e que a meta daquele negócio todo não é a de se chegar a parte alguma, mas apenas a de se manter em cima do bicho! Os verdadeiros políticos, os "profissionais" como se diz nos romances policiais, são caubóis: sabem instintivamente que, sobretudo, não devem tentar fazer o animal viajar e, menos ainda, contrariá-lo. Quem quiser se manter, precisa se ajustar aos menores movimentos, acompanhá-los com suavidade e, sobretudo, nunca se opor... Talvez

Famílias, amo vocês

me acusem de demagogia ou populismo. É para apagar essa incômoda impressão que rapidamente corrijo a anedota com uma outra metáfora, que aproveito de meu ex-colega e, mesmo assim amigo, Hubert Védrine, ex-ministro das Relações Exteriores. Em um dos seus livros, para explicar bem o quanto a profissão de político é particularmente difícil, ele propunha que pensássemos na seguinte anedota: que se imagine um cirurgião encarregado de operar um menino pequeno, mas devendo fazer isso na presença da família inteira, sob o olhar da imprensa, se possível com transmissão televisiva ao vivo e câmaras na sala, com a presença ainda, para marcar bem, dos advogados da família (para em caso de...) e, *last but not least*, com o policiamento constante dos colegas que notoriamente são, pela definição bem conhecida de confraria, essencialmente e antes de tudo movidos por um ódio vigilante. Espantemo-nos que, com tudo isso, o bisturi esteja um pouco trêmulo...

A primeira metáfora, a do rodeio, serve perfeitamente aos contemptores da vida pública: ela vê no político, pelo menos aquele que está no poder e que teve de se adaptar às regras do jogo para chegar ali, apenas um demagogo qualquer. A segunda corrige isso, mostrando o exercício do poder como ele é: uma atividade hipermidiatizada que, sem dúvida, pode satisfazer grandes narcisismos, mas às custas de manobras, conflitos e falta de ação simplesmente inimagináveis para o comum dos mortais.

É sob essa perspectiva que me parece indispensável, para enfrentar as intempéries de um tipo bem particular, ir além do pragmatismo a fim de se poder apoiar, quando as coisas balançam, em valores fortes e compartilhados, em um projeto coerente e compreensível, para não dizer um grande objetivo. E não percebo nenhum outro, atualmente, além deste que visasse, enfim, colocar a política, inclusive em seus aspectos

O que fazer?

mais técnicos e aparentemente distantes do cotidiano, a serviço das famílias. São elas que devemos primeiramente escolher como interlocutoras, antes dos *apparatchiks** de todo escalão e de todo tipo que, na imprensa, na administração, nos sindicatos, na empresa, no Parlamento e demais hierarquias crêem ser por natureza os primeiros destinatários de qualquer mensagem enviada pelos dirigentes políticos, enquanto, em uma democracia, seria primeiro e antes de tudo ao povo que se devia se dirigir. O que de forma alguma significa, como gostaria de demonstrar agora, que se deva abandonar a preocupação com o coletivo e com os grandes projetos. Muito pelo contrário. Simplesmente nossa relação com o coletivo, sob o efeito da história da família moderna, mudou de sentido: a exemplo da preocupação ecológica, ela se formula hoje em todos os campos, em termos de "gerações futuras". A questão poderia simplesmente ser formulada da seguinte maneira: que mundo queremos deixar para nossos filhos a partir de agora? E isso engloba problemas aparentemente tão distantes da vida cotidiana e familiar quanto aqueles da dívida pública ou do suposto "choque das civilizações", por exemplo.

Retomemos um pouco o fio da discussão, para melhor apreender seu alcance.

Grandeza da vida privada: a vitória das famílias sobre a razão de Estado

Deve-se mais uma vez dizer, já que são insistentes os clichês ligados aos hábitos intelectuais melhor enraizados:

---

* O termo veio do jargão político soviético e é comumente usado pelo francês, designando os membros mais zelosos de qualquer aparelho partidário ou sindical. (N. do T.)

Famílias, amo vocês

levar finalmente em consideração a história da vida privada não significa de forma alguma, como os reflexos tradicionais levam imediatamente a crer, que se abandone a preocupação com o que está distante, fora dos limites próximos, nem que se deixe de se interessar pelos imperativos da geopolítica, pelo estudo das mais pesadas evoluções da economia, do comércio, da cultura ou das novas tecnologias que revolucionam nossas existências. Muito pelo contrário, o cuidado com as pessoas prevê que o político não deixe de lado os horizontes mais amplos, que inclusive a sua plena consideração se torne para ele um dever. Só que essas preocupações clássicas com os grandes negócios do mundo ganham uma nova coloração: não são mais um fim em si mesmo ou, melhor dizendo, *estão menos a serviço da Nação, com "N" maiúsculo, do que daqueles que a povoam.* E, do ponto de vista da história, isso é radicalmente inédito. Os políticos, aliás, o pressentem, como se pode ver, por toda a Europa, pela proliferação dos debates de sociedade: sobre os sem-teto, a crise habitacional, ou as dificuldades cotidianas dos transportes, por exemplo. Acabou o tempo em que os grandes homens políticos, como o chanceler Adenauer ou o General De Gaulle, podiam se ocupar exclusivamente das relações internacionais, da "Grande Política", deixando os negócios domésticos para os "pequenos servidores" que são, pela etimologia da palavra, os ministros. No essencial, porém, o trabalho de reflexão e de compreensão da história levando-nos a essa mutação sem precedentes ainda está por se fazer.

Seu sintoma mais visível, sem dúvida, reside na formidável reviravolta que atravessa a condição feminina nos dias de hoje. Há séculos era na vida privada que as mulheres exerciam seus talentos — e seu *poder* que, sendo hoje em dia percebido como menos "nobre" ou "legítimo" que o dos

O que fazer?

homens na esfera pública ou no comando da guerra, nunca nem por isso foi *menor*, muito pelo contrário. Relacionados à intimidade, os chamados "valores femininos" foram freqüentemente associados — pelo menos se dermos ouvido aos lugares-comuns que o feminismo "diferencialista" retoma hoje em dia a seu encargo, tornando-os elementos positivos — à afetividade mais do que à conquista, ao cuidado com as relações humanas mais do que ao exercício da dominação, à suavidade mais do que à força, à sensibilidade mais do que às abstrações do puro intelecto etc. Com toda evidência, porém, essa história ou mitologia, que não se pode reduzir a simples taxas de testosterona, ainda deixam marcas. Como Gilles Lipovetsky, não sem malícia, relembrou em seu livro *A Terceira Mulher*, 90% do público dos sex shops ainda é masculino e 90% dos leitores dos romances água-com-açúcar é feminino. Seria ilusório, no entanto, imaginar que esses números contêm a eterna verdade para todos os homens e mulheres. Cada vez mais os primeiros elevam a vida afetiva a um lugar de honra, enquanto as segundas abrem mais espaço para a esfera pública, cujo acesso se torna gradativamente menos fechado a elas. "Papais domésticos" que trocam fraldas e dão mamadeira, assim como mulheres chefes de Estado não são mais exceções e, menos ainda, causam escândalo. Nesse troca-troca, são as mulheres que paradoxalmente, sem precisar dizer nem brigar por isso, encarnam o futuro: pois os valores da vida privada, que lhes deram tanta experiência, tendem hoje a se tornar universais. Para a maior parte dos seres humanos — pelo menos no Ocidente — são esses valores que agora têm prioridade na existência e lhes dão sentido. Desse ponto de vista, à imagem do proletariado segundo Marx, as mulheres que são as antigas "dominadas" passaram, na verdade, para a vanguarda

Famílias, amo vocês

de um movimento geral da história em que, reconheçamos, estão muito à frente.

Já evoquei aquela hegeliana "consciência infeliz", que na história — ou seja, no aprendizado da vida que geralmente se chama "experiência" — só vê o lado ruim das coisas: o que se corrompe, afunda e morre, e não o que vem dessa "negatividade" e renasce das cinzas do passado*. A nostalgia de épocas passadas, tão apreciada hoje nos meios neo-republicanos com um prazer, mórbido mas bem real, lamentando o que a modernidade tem de medíocre ou de "declinante", dá uma impressão de grande sabedoria, que é muito fácil aos mais velhos adotar. A retórica do "tudo está acabando", aliás, já vinha sendo bem ensaiada. Usada com experiência, ela exige um esforço mínimo, para um efeito muitas vezes máximo, enquanto inevitavelmente o otimismo sempre parece meio piegas. Não vou então me deixar levar por isso, mas me perdoem dizer aqui o quanto me alegra a desconstrução das entidades sacrificais de antigamente — Deus, Nação, Pátria, Revolução... — que, afinal, muitas vezes serviram para trazer a morte, a desolação e o tédio. Em seu nome se tiranizaram as famílias, com o envio dos mais velhos a combates tão duvidosos quanto mortais, envenenou-se a vida de milhões de alunos nas escolas onde, sem dúvida, um número restrito de *happy few* aprendia mais e melhor do que hoje, mas às custas de uma soma de recalques e sofrimentos para a maioria, cuja superficialidade e nocividade não hesito em acusar. Lembro-me como se fosse ontem da escola que deixei com felicidade, onde um supervisor geral, que deveria ser urgentemente inter-

---

* Refiro-me aqui não à consciência infeliz como "momento" particular da história da consciência, mas como o estado que, pela introdução de *A fenomenologia*, acompanha todo o processo histórico e se confunde com o que Hegel chama desespero ou ainda "dor do negativo".

O que fazer?

nado em algum hospital psiquiátrico, diariamente distribuía uma centena de duplas bofetadas nos alunos, inocentes na maioria, e gostava de escorregar os dedos pelas pernas das meninas verificando, por exigência do regulamento interno, sem dúvida muito republicano, se estavam de meias! Tudo isso, é claro, em nome de valores grandiosos e de exigências morais em um primeiro plano... Não gosto daquilo em que alguns estabelecimentos escolares se tornaram no pós-1968, mas permitam-me dizer que detestava ainda mais o que eram antes. E por que, na verdade, sermos ainda hoje obrigados a escolher entre a peste e a cólera, se devemos e podemos inventar outras possibilidades?

Se quero que meus filhos se esforcem na escola, não é, confesso, pela grandeza da França ou a serviço da idéia republicana, mas para eles próprios... e *para os outros*, para aqueles com quem compartilharão a vida, porque estou convencido de não haver existência bem-sucedida, nem vida comum digna desse nome, sem uma considerável quantidade de trabalho por que a gente se humaniza e se civiliza. Se a idéia de que 150 mil alunos anualmente fracassam em sair da escola francesa com um diploma ou uma qualificação no bolso às vezes impedia o ministro que fui de dormir, não era porque mais uma vez perderíamos a competição para os finlandeses (e, aliás, alguns outros...) na próxima pesquisa internacional "Pisa" sobre os méritos comparados dos diferentes sistemas educativos. Era por achar que um somatório horrível de infelicidade poderia e pode ainda, com algumas reformas úteis, ser evitado para aquelas crianças e suas famílias, de maneira a tirar disso tudo um mundo menos pior. Não que as idéias de pátria e de república me pareçam absurdas ou fora de moda: até gosto disso. Só que elas mudaram de sentido ou, melhor dizendo, as relações que os indivíduos mantêm com

Famílias, amo vocês

elas foram invertidas: não são mais as pessoas que devem servi-las, a ponto de se sacrificarem por elas, mas, muito pelo contrário, são agora essas entidades — e as realidades que elas encobrem — que estão sendo e devem ser mais ainda postas a serviço dos seres humanos.

Isso, de fato, é o que é novo, radicalmente inédito na história e que se deve, enfim, compreender para se medir a amplitude dos efeitos causados pela revolução da família moderna e pelo advento do novo humanismo que a acompanha. Se é necessário atualmente agir com energia e não considerar a política um jogo cuja única finalidade é se manter à tona, isto serve para que nossos filhos tenham uma chance de não fracassarem em suas vidas e, mais profundamente, para que esse campo de jogo que é o mundo seja povoado ao máximo por seres com os quais a existência comum seja não só tranqüila, mas, tanto quanto possível, enriquecedora e harmoniosa. Mesmo não sendo religioso, patriótico nem especialmente "republicano" ou revolucionário, é um objetivo, a meu ver, que pode ser tudo, exceto medíocre, tudo mesmo, exceto "privativo" ou "individualista". Pelo contrário, no mais alto grau ele é coletivo e até, em seu sentido próprio, "altruísta", já que repousa em uma certa idéia da transcendência, segundo a qual o *sagrado*, o verdadeiro, o único a valer sacrifícios ou riscos reais, se situa no humano e não em qualquer outro lugar.

Posso prever a objeção.

A direita nacionalista e tradicionalista há de observar, não sem motivos, aliás, o quanto é chato que a Pátria com "P" maiúsculo não esteja mais no centro das preocupações dos que a povoam. Por ela, mais ainda do que pelos cidadãos que nela habitam, é que se queria heroísmo, uma noção de sacrifício e de interesse geral que nos permita, enfim, encon-

O que fazer?

trar a coragem necessária para sanear as finanças públicas, reerguer a Educação, garantir a segurança e suscitar o sobressalto coletivo que nos pouparia da atroz perspectiva do declínio da Nação. É um "País de pé" que se quer, soberano e orgulhoso do seu passado, capaz de novamente fazer ouvir sua voz no concerto das nações...

Na esquerda, apesar de morta e enterrada, a idéia revolucionária continua animando como um ectoplasma os últimos fantasmas da "Outra política". Sabe-se que, uma vez "nos negócios", é preciso enfrentar a lógica da economia de mercado, com a qual não se pode brincar muito tempo. Mesmo assim, gostam de fazer os eleitores acharem que "alternativas" radicais existem, que o "pensamento único" de haver obrigações ligadas à globalização não passa de um mito liberal. Deixa-se entender, desse modo, que uma gestão "socialista" das transferências de mão-de-obra ou dos mercados financeiros pode trazer mais humanidade e justiça do que o horrível "capitalismo selvagem" de que se acusa a direita. A decepção, assim, já vem programada no software: pois quando se chega lá, como a selvajaria imputada ao adversário não passa de um espantalho para passarinhos, a diferença entre direita e esquerda parece infinitesimal aos próprios militantes. O discurso da extrema-esquerda, que interminavelmente se alimenta dessa decepção — interminavelmente porque ela é estrutural —, dá provas suficientes disso, sendo inútil insistir.

Tanto na direita como na esquerda então continuam-se, sem sequer pensar, veiculando valores e princípios tradicionais que, por mais legítimos que possam ter parecido no seu tempo, nem por isso deixam, hoje em dia, de ser bem vacilantes. A verdade é que as entidades sacrificais clássicas fracassaram e agora passou a ser na imanência mais radical do "mundo vivido", na "*Lebenswelt*", que se deve ser capaz de reatar com

Famílias, amo vocês

novas figuras da transcendência e do sentido. Contrariamente ao que imaginam os partidários de antigas visões de mundo, o sagrado da vida privada não significa absolutamente a atomização do social, nem a emergência do "indivíduo rei". No reverso dessas idéias feitas, desses clichês que se consideram verídicos pela única razão de serem repetidos à saciedade sem nunca serem pensados, o individual não se opõe ao coletivo, nem a vida privada à vida pública. Assim que esta última se torna auxiliar da primeira, assim que ela se coloca a seu serviço como toda a história da família moderna tende a mostrar ser imperativo, ela deve tirar partido do fato de que nossos problemas individuais são, quando considerados em conjunto, eminentemente coletivos.

Como já sugeri, todos encontramos, em nossas existências pretensamente "singulares", as mesmas dificuldades: a capacidade de consumo e o sucesso escolar dos filhos nos preocupam mais ou menos nos mesmos termos, além do desemprego que os ameaça, e até em nossas existências íntimas temos globalmente as mesmas experiências de encontros e separações, conflitos amorosos, casamentos fracassados ou não, guarda de filhos, adolescentes difíceis, pais que envelhecem, amigos em dificuldade, acidentes na vida... As coisas se passam, pelo menos em suas grandes linhas, nessa existência que se diz "pessoal", como nos sonhos acordados que Freud tão bem descreveu, esses pequenos esquetes que contamos a nós mesmos e em que nos tornamos milionário, herói de romance, mulher fatal, campeão de tênis, pianista virtuose, judoca ou craque do futebol: temos todos, na entrada da idade adulta e, às vezes, bem mais adiante, os mesmos fantasmas, *de modo que o individual, longe de se afastar do coletivo, é apenas seu rosto encarnado. Procurando assumi-lo, a política não se afasta de sua missão, muito pelo contrário: só então ela começa*

O que fazer?

realmente a cumpri-la, pois o coletivo que ela há pouco passou a notar e que, no fundo, é apenas o singular elevado ao universal, é o seu alfa e o seu ômega. É seu ponto de partida, onde ela deve se enraizar e buscar forças, mas também finalidade, o que ela deve procurar, tanto quanto possível e razoável, ajudar, satisfazer, promover e fazer crescer.

Não há nisso, aliás, contradição alguma em relação à herança das Luzes e à mensagem da República. Talvez uma revolução silenciosa, mas que, em vez de contradizê-las, permita, pelo contrário, extrair a sua verdade mais profunda: um engajamento coletivo finalmente a serviço do que realmente conta mais, a emancipação e completude individuais do maior número possível de pessoas, mais do que a glória e a grandeza de Deus ou da Pátria. O político que compreender isso e souber adequá-lo a um projeto sem dúvida ganhará a partida. Pois inscrever uma grande meta nessa nova perspectiva de sentido *não é absolutamente desistir das questões que animaram a vida pública desde a noite dos tempos, mas apenas realizar a sua reformulação sob a perspectiva de um humanismo que, enfim, alcançou a maturidade.*

Uma revolução silenciosa que obriga a repensar os programas políticos

Para abarcar essa situação inédita — para a qual certamente décadas serão necessárias com o intuito de se medirem as implicações e se examinarem as conseqüências para posterior formulação de novas "grandes metas" —, convém interrogar-se, enfim seriamente, sobre o que impede hoje em dia a satisfação da vida privada, a realização de si a que cada um agora aspira legitimamente, a título pessoal, mas também

Famílias, amo vocês

coletivo: pois nos damos conta cada vez mais do quanto o isolamento é nocivo, o quanto inexiste vida bem-sucedida sem experiências compartilhadas. Ao contrário, mais uma vez, de um chavão irrefletido, longe de estreitamente egoísta, o individualismo moderno é literalmente obcecado pelo cuidado com o outro. Trata-se inclusive de uma das suas maiores características, um dado de base que explica, aliás, o fato de nossas sociedades democráticas serem as primeiras a fazer sua autocrítica em relação a esse tema, exprimindo, às vezes até exageradamente, o "arrependimento", denunciando o escravismo, o racismo, a colonização e as guerras de extermínio que continentes ex-colonizados continuam tranqüilamente a incentivar e a praticar.

Na França, nos últimos tempos, o presidente Chirac desejou, esperando melhor se aproximar das preocupações que pesam sobre a existência cotidiana, tornar a luta contra o câncer e a atenção à deficiência física ou mental obras prioritárias de seu mandato. Deveria, com certeza, estar no caminho certo — exceto pelo fato de essas obras, por mais urgentes e evidentemente legítimas, não dizerem respeito à vida "normal" dos indivíduos, mas, por assim dizer, aos *acidentes* que vêm transtorná-la. Como se apenas o patológico justificasse a intrusão da política na esfera privada. Deve-se, a meu ver, ir mais longe, sem hesitar em alçar ao patamar de causa nacional a luta contra as desigualdades que às vezes tornam o cotidiano insuportável, inclusive naquilo que tem de não acidental. Ampla perspectiva, sem dúvida, mas que deveria trazer para o primeiro plano das preocupações do Estado temas habitualmente reservados às coletividades locais, que passam a oficialmente estar ligadas, como para melhor se livrar disso, a algum simples secretariado ou ministério delegado, sem estrutura administrativa nem orçamento.

O que fazer?

Por que, por exemplo, não tornar a retirada dos obstáculos que inevitavelmente perturbam as extremidades da vida — a aproximação da morte, assim como os momentos seguintes do nascimento — um objetivo político forte, ou mesmo uma prioridade nacional? Casas para idosos e creches são instituições com que a imensa maioria dos concidadãos lidam ou terão que lidar um dia. No entanto, para milhões deles, a simples lembrança disso já rima com alguma consternação. Enchem-nos os ouvidos com a idéia da igualdade de oportunidades e multiplicam-se as instituições — comitês, conselhos, altas autoridades de todo tipo — encarregadas de lutar contra o que pomposamente se batizou "exclusão" ou "discriminação". Ousemos dizer: no mais das vezes, trata-se de uma cortina de fumaça, disfarçando as verdadeiras desigualdades que nem afetam tanto essa ou aquela categoria da população supostamente "discriminada", mas o conjunto geral de homens ou mulheres, negros ou brancos, ex-colonizados da África do Norte ou não, que simplesmente não têm como resolver problemas tão aflitivos quanto incontornáveis. Repetindo: todo mundo ou quase tem ou vai ter que lidar com as instituições que trabalham com o início e o fim da vida, mas, dependendo do nosso grau de riqueza ou pobreza — essa é a verdadeira discriminação, mesmo que lobby algum, guerra nenhuma de memórias ou qualquer museu do arrependimento venha realçar isso — , essas dificuldades da existência podem simplesmente ser insuperáveis e infernais. De forma que não se entende bem por que não caberia ao Estado tornar a assimilação de tais desigualdades na vida privada dos indivíduos uma meta de primeiro plano — afinal, pesando-se bem, tão importante quanto a Escola, a segurança ou a saúde. Estou convencido de que uma política da família centrada nesses dois temas

Famílias, amo vocês

teria o apoio entusiasmado da imensa maioria de nossos concidadãos, enfim libertos por se encarregarem, em nível público, daquilo que em suas existências cotidianas ocupa um espaço tão considerável.

Pode-se talvez observar que a pobreza e as desigualdades não datam de hoje, sendo difícil perceber por que haveria agora maior urgência do que no passado em relação a essa preocupação. Resposta simples: porque a situação, diga-se o que for, é ao mesmo tempo inédita e insustentável. Globalmente, o que até ontem era suportável hoje não é mais, tendo em vista a lógica do hiperconsumo a que estamos atualmente submetidos e que acompanha ou até engendra uma acelerada erosão dos valores tradicionais que permitiam aos indivíduos não viver em permanente *estado de necessidade*. Não apenas o desejo de igualdade e o amor pelos filhos estão mais intensos do que nunca, mas, além disso, a defasagem entre as classes sociais torna-se cada vez mais chocante, em razão até dos efeitos dessa "dessublimação repressiva" que, vimos, é induzida pelo mundo liberal. A contradição é fulgurante até: *à medida que há mais tentações, mais incitação ao consumo, há cada vez menos razões para não ceder, cada vez menos enquadramentos éticos que freiem os desejos e controlem os exageros.* Se vivêssemos no campo, no século XVIII, com o equivalente ao salário mínimo atual, seríamos relativamente ricos. Em uma cidade grande hoje, com as solicitações infinitas a que estamos expostos permanentemente, a mesma realidade torna-se explosiva. Pais que não conseguem dar a seus filhos um computador ou um telefone celular não podem deixar de ter um sentimento de deixá-los à margem, ou mesmo em dificuldade com relação àqueles a quem a posse de tais objetos parece óbvia. E o ressentimento, ou simplesmente a dor que eles sentem, é cada vez mais forte.

O que fazer?

Lembremos haver na França, de acordo com os últimos números publicados pelo Instituto Nacional de Estatísticas e Estudos (INSEE), em novembro de 2006, 6 milhões e 900 mil pessoas que vivem com menos de 788 euros por mês — entre as quais um milhão e 200 mil dos popularmente chamados *RMIstas* (recebendo a "renda mínima de inserção", RMI, que "remonta", se assim se pode dizer, para uma pessoa sozinha, a 418 euros, e o mínimo para os idosos a 588 euros mensais). Acrescentemos que um pouco mais de 2 milhões e meio de indivíduos recebem salário mínimo (SMIC) — cujo valor quase todas as pessoas que não o recebem nem o pagam simplesmente ignoram ser de 986 euros isentos de impostos, nesse exato momento em que estas linhas estão sendo escritas. Digamos claramente: com semelhantes rendas, é praticamente impossível morar e viver em uma cidade grande, e impossível, mais ainda, garantir qualquer futuro universitário para os filhos. Acrescentem-se até 10%, 20% ou mesmo 30% àqueles 986 euros — o que representa o salário de mais ou menos 8 milhões de trabalhadores (que se situam então entre o SMIC e o SMIC + 30%) — e pode-se dar conta do quanto a situação de um número considerável de concidadãos é precária, o quanto deixa pouca esperança e menos ainda encoraja os sacrifícios que a política precisaria impor a todos, para adaptar o país à globalização liberal. O custo do carro oficial de um ministro representa, em geral, cerca de quatro anos de salário da pessoa que lhe abre a porta, sem que ele tenha minimamente a impressão de estar andando no luxo. Quanto aos grandes executivos franceses, se considerarmos os dez maiores, eles ganham em média o equivalente a 300 SMICs.[*] Digo isso para lembrar

---

[*] Cf. *Le Monde* de 14/12/2006.

Famílias, amo vocês

que se pode rapidamente, de maneira incrivelmente rápida, perder o senso da realidade...

Diante de tais realidades, pode-se tornar insuportável, para não dizer obsceno, o discurso dos "vencedores" e dos que "estão por cima", que parecem glorificar o risco e incentivar o "espírito empreendedor" em todas as suas formas, sem deixar de estigmatizar, por comparação, a "sensibilidade" ou frouxidão dos "encostados" de todo tipo. Primeiro porque nem todo mundo *pode* "vencer" no sentido a que eles se referem[*] e porque é difícil imaginar um universo em que só existissem executivos! Depois porque, mesmo que se tenha feito muito para subir, que, por exemplo, se tenha dedicado a estudos difíceis, pode-se mesmo assim não sair do chão. E finalmente, sobretudo, porque não partimos todos do mesmo ponto. A linha de partida não é evidentemente a mesma para todo mundo — isso ninguém há de negar. Os mais ricos nem sempre merecem mais, até porque a riqueza chegou a eles por herança ou sorte — o que é, vamos concordar, o caso mais freqüente. Além disso, para completar, simplesmente porque os que não estão por cima e nem ganham têm tanto direito a acertar suas vidas quanto os outros. Todos já nos deparamos com crianças frágeis, não necessariamente superdotadas, e seria dizer o mínimo que as amamos como as demais, com a mesma vontade de que se safem. Pelo ponto de vista do amor, o mérito é uma idéia bem relativa. Aliás, algo que se esquece facilmente, não há mérito algum em se ter talento, e

---

[*] No sentido em que um ministro, cujo nome não vou dizer, comentou durante uma reunião em que recebia um areópago de executivos: segundo ele, alguém com mais de 50 anos e que não paga o Imposto Sobre Fortuna, necessariamente, de alguma forma, fracassou! Incluo-me entre estes e não me sinto absolutamente convencido de que se deva medir a existência por esse metro...

O que fazer?

o dinheiro, que hoje simboliza o "sucesso social", não mede todo tipo de coisa. O sucesso *na* vida não é o sucesso *da* vida, e o melhor professor da França, cujos efeitos benéficos para as crianças têm um valor inapreciável... nunca vai passar do seu modesto salário de professor primário! E mesmo assim devemos-lhe mais, infinitamente mais do que aos super-homens do índice Cac 40, da Bolsa francesa...

Não sei se consigo ser bem claro. Os fatos que evoquei mostram por si só que devemos estabelecer ou restabelecer outros valores além do consumo e que, entre todos, os que concernem às relações com seus semelhantes, sobretudo com seus próximos, são hoje os únicos que quebram sem nem mesmo muito esforço a lógica tirânica do "sempre mais". É o que tento delinear com a idéia de um novo humanismo, um humanismo que se apoiaria, mesmo após um século de desconstrução, no ressurgimento de transcendências de um novo tipo. É por essa razão, sobretudo agora que se planejam reformas "clássicas", já bem demarcadas — uma reforma das universidades, por exemplo, só para evocar um assunto que conheço bem —, que não basta se colocar apenas sob o ponto de vista do "sistema". Racionalmente sabemos o que se deve fazer e que se resume em algumas palavras — maior autonomia, profissionalização, criação de pólos de excelência, orientação consistente e orçamento decente —, mas deve-se também pensar nas finalidades profundas do ensino superior e, mais ainda talvez, nos meios de fazer com que beneficiem o maior número possível de pessoas. Em outros termos, não se limita apenas ao estado da economia e do emprego, ou das performances da nação — considerações, no entanto, legítimas —, mas primeiro e antes de tudo ao crescimento e sucesso pessoal dos nossos filhos. A educação é a chave para tudo e, evidentemente, o que precisa estar no centro

Famílias, amo vocês

do próximo mandato presidencial. Para isso, é preciso poder garantir a todos os pais, sejam ricos ou pobres, cultos ou não, que seus filhos, se tiverem vontade e talento — mas quase todos têm ou podem ter —, terão a possibilidade real, e não apenas formal, de continuar os estudos em boas condições. E para dar crédito a essa promessa, temos que finalmente ser capazes de passar da igualdade à eqüidade ou, dizendo as coisas mais simplesmente, de tornar possível que famílias não abastadas possam apostar na hipótese de estudos prolongados, sem que isso represente uma dificuldade orçamentária insolúvel para elas.

Mesmo quando abordamos assuntos que a priori nada têm a ver com a vida privada, temas que se remetem a horizontes longínquos ou que, por razões técnicas, estão fora do alcance da vida cotidiana de nossos concidadãos, essa mudança de perspectiva deve nos incitar a mudar o olhar e, mesmo que apenas de um ponto de vista pedagógico, apresentar as coisas de forma diferente daquilo que a vida política ordinária costuma fazer. Gostaria, para concluir, de apenas dar dois exemplos, sem dúvida bem modestos, mas propositalmente escolhidos em esferas que escapam do alcance habitual da vida privada: a integração da Turquia à União Européia e a dívida e os déficits públicos.

O longínquo a serviço do próximo: a integração da Turquia e a assimilação da dívida

Por precisar tornar-se mais concreta do que nunca e visar ao individual como transfiguração do coletivo, a política também precisa, tratando da questão de sua influência sobre a história, ampliar como nunca o horizonte. Pois, como vimos,

O que fazer?

não é mais no nível do Estado-nação que se poderá agora tudo resolver. Apesar de compreender muito bem que se trata de algo a se lamentar, nem por isso deixa de ser verdade, e se houvesse apenas um único argumento a favor da Europa, com certeza seria o que eu assumiria. A principal crítica que se pode fazer à União Européia da maneira como ela hoje funciona — ou melhor, não funciona — diz respeito à sua incrível ineficácia, a que se acrescenta um formidável déficit democrático. Como ministro da pasta que reúne Juventude, Educação e Pesquisa, participei de inúmeros conselhos. A honestidade leva a dizer que se nós começamos pró-europeus, como sou e permaneci apesar de tudo, corremos o risco de rapidamente nos tornarmos soberanistas, de tal forma a experiência é desencorajadora. Ordens do dia mal definidas, sobre as quais a política não parece ter qualquer influência, sucessão soporífera de discursos convencionais cuja decisão concreta nunca se sabe exatamente qual será, onipresença de funcionários dos quais se ignoram as exatas competências, mas que estão bem além dos próprios ministros: tudo parece arranjado para desencorajar qualquer boa vontade e provocar o enfraquecimento do político.

Ache-se o que for, o famoso tratado constitucional recusado pelos franceses apenas propunha avanços, sem marcar a mínima regressão com relação aos textos anteriores. Ele ia particularmente além em um ponto crucial, que toca no problema número um de nossas democracias: a impotência pública e o declínio do político. O texto propunha diversos antídotos, entre os quais uma medida que pode parecer técnica, mas cujos efeitos eram potencialmente consideráveis: consistia em passar para a maioria qualificada cerca de 35 campos de competência unanimemente compartilhados. Pode não parecer, mas isso mudava muita coisa. Pois sim-

Famílias, amo vocês

plesmente significava que seria enfim possível tomar decisões políticas onde a unanimidade bloqueava de fato quase todas as iniciativas.

Hoje, é preciso confessar — e é onde os antieuropeus sinceros, quer dizer, os soberanistas, estão errados —, um número considerável de questões escapam em maior ou menor grau do Estado-nação: a circulação das idéias, ciências e técnicas, mas também a ecologia e a economia não param nas fronteiras. Diante das questões mais importantes, os políticos nacionais não têm mais, em muitos casos, meios reais para agir sobre o curso do mundo. A Europa do tratado de Nice está bloqueada e ao mesmo tempo é ineficiente e pouco democrática. Os convencionalistas fizeram todo o possível para encontrar no novo projeto soluções que destravassem o sistema. Os franceses disseram "não" a essa proposta que tinha, no entanto, a mesma natureza de todas as outras a que haviam dito "sim" e que, simplesmente, não eram tão boas. Estavam na cabine do avião e passaram, a troco de nada, para o depósito de bagagens, sem tirar a menor vantagem dessa operação calamitosa e sem, nem por isso, ter viabilizado qualquer plano B que fosse. A Europa, no entanto, tem isso de grandioso, pois como nenhum outro continente soube juntar três formas do progresso que em qualquer outro lugar estão separadas ou simplesmente não existem: as ciências, o Estado de direito e a laicidade. É a sua singularidade que a torna um exemplo tão improvável quanto frágil e inclusive, até agora, inteiramente inédito na história. Teríamos, nesse momento, tantos projetos sublimes assim no bolso para com tanta urgência aniquilar o único que nos resta? Antes de assumir esse risco, sugiro que se pense duas vezes...

É dentro dessa visão que se deve inscrever a reflexão sobre a Turquia. Mais do que nunca estou convencido

O que fazer?

(como também Michel Rocard, Raymond Barre e Bernard Kouchner, Tony Blair, Zappatero e Chirac, por exemplo, mas também, na Alemanha, personalidades como Danny Cohn-Bendit e Ulrich Beck) de que a rejeição da Turquia pela maioria dos nossos políticos não só é um erro, mas um engano cujas conseqüências serão desastrosas para as gerações futuras. A questão que dominou o debate francês — a Turquia é ou não européia? — era tão absurda quanto indefinida, pois mal colocada. Lembro, aliás, que a União Européia não se confunde em absoluto, nem em princípios nem concretamente, com a simples Europa, tratando-se de uma construção artificial que não inclui, pelos textos que regem a adesão dos novos membros, precisões geográficas nem dados culturais ou históricos obrigatórios. A verdadeira questão então não era esta que falsamente se agitou, para assustar ou irritar uma população já muito inclinada a declarar sua aversão pelo mundo muçulmano. A única pergunta cabível era a de se saber se a União Européia que, insisto, não é a Europa, tem ou não interesse político em fazer com que 70 milhões de turcos sejam acolhidos em seu seio para se ajustarem à democracia ou se, pelo contrário, devem ser relegados, por engano nosso, a outras aventuras. Enquanto lamentamos, em palavras pelo menos, que não há ajuda suficiente para os partidos democráticos nos países em que são a única esperança diante do avanço dos integrismos — na Argélia, por exemplo —, escolhemos, no caso da Turquia, de fato isolá-los e enfraquecê-los, o que é, sem nem mesmo evocar considerações morais, arrasador no plano político.

É claro, pode-se ter estimado inoportuno, por razões de pura tática — que também devem ser levadas em conta —, evocar, ou até mexer na questão, no momento em que se devia votar um texto constitucional regendo as atividades

Famílias, amo vocês

da União Européia. Compreendo que alguns, com um cuidado político nada indigno, tenham achado preferível de imediato não sobrecarregar o barco. Mas, quanto ao fundo, devia ter sido exaustivamente lembrado — pois a maioria dos concidadãos ignora — o que concretamente significa a adesão de um novo membro à União Européia e por que isso é tão importante e toma tanto tempo, para um país como a Turquia. Com efeito, trata-se primeiro e antes de tudo de integrar, no direito nacional, o chamado "bem comunitário adquirido", quer dizer, uma quantidade impressionante de diretivas que podem tanto concernir ao direito das mulheres quanto ao controle dos transgênicos, à poluição dos automóveis, aos princípios da vida democrática ou às regras do jogo da concorrência econômica. É evidente que um país que faz tal esforço — considerável no caso de uma nação como a Turquia, onde os opositores da democracia e os partidários do nacionalismo islâmico mantêm-se à espreita do menor passo em falso dos democratas — muda de um extremo a outro. Pois a integração, por seu Parlamento, desse bem adquirido pressupõe anos de debates públicos tão difíceis quanto formadores para uma opinião que se tenta empurrar para o integrismo, embora eu não consiga entender como isso pode minimamente servir aos nossos interesses.

E menos ainda aos dos nossos filhos. Pois em vez de preparar um mundo comum mais agradável de se viver e trabalhar para minimizar o famoso choque de civilizações, conseguimos em poucos meses o feito de transformar um país que nos admirava e amava como nenhum outro no mundo muçulmano em inimigo quiçá irredutível. Belo resultado!. Sobre esse ponto essencial Michel Rocard disse, em artigos escritos em um ou outro lugar a respeito do assunto: é pre-

O que fazer?

ciso integrar a Turquia (e já que é assim, melhor fazer com entusiasmo e não se tornando detestável pelos obstáculos que se multiplicam abusivamente), não por nós, mas pelas gerações futuras, pela preocupação com o mundo vindouro, que vamos lhes deixar e que será diferente, de acordo com as decisões tomadas hoje. Assim como em relação à dívida, agimos guiados pelo egoísmo e com os olhos voltados apenas para o curto prazo. *Paradoxalmente, é essa miopia que a preocupação com a história da vida privada deve nos levar a ultrapassar.*

Querendo ou não, diante da realidade do universo muçulmano tal como ele atualmente está estruturado, desencorajar a Turquia a entrar no espaço da democracia moderna é escolher para as gerações futuras o "choque das civilizações". Na verdade, pense-se o que for, de qualquer maneira era absurdo permanecer indeciso, no meio do caminho, como infelizmente fizemos: se não queríamos a Turquia, deveríamos tê-lo dito imediatamente, sem esperar um humilhante, para ela, ponto sem retorno, mais grave do que tudo o que se pôde imaginar na França. Nesse debate, contudo, propositadamente esquecemos — digamos com clareza: porque não se quis procurar muito, tratando-se de um país do Islã — que a Grécia e Portugal não estavam em nada mais "adiantados" do que a Turquia, quando se juntaram à União e, em seguida, seus progressos foram fulgurantes *para a grande vantagem de todos.*

Como em matéria de ecologia, é preciso então, na geopolítica atual, integrar definitivamente a questão das gerações futuras. Por mais paradoxal que possa parecer, essa preocupação encontra-se também no cerne de um outro problema, no entanto aparentemente sem ligação com a sagração da vida privada: o problema da dívida.

Famílias, amo vocês

O lancinante problema da redução da dívida

Reduzir a dívida em todos os países em que esse problema se coloca — Itália, Alemanha e França, por exemplo — não é apenas um projeto contábil, uma preocupação administrativa de pequena escala, como tão freqüentemente se parece acreditar, mas um problema político fundamental de coesão social: esta já seria uma primeira verdade, indispensável de se tentar passar à opinião pública. É imperativo dar um sentido a esse objetivo, que se torna menos perceptível na medida em que os números em jogo são tão gigantescos (na França: mais de dois trilhões de euros no negativo, se forem contadas as aposentadorias) que se tornam totalmente abstratos. É preciso mostrar que o objetivo se impõe, claro que como necessidade econômica, um imperativo categórico em termos de emprego e de competitividade, mas, sobretudo, como dever ético em relação aos jovens: não somente não temos o direito de deixar para eles um "calote", avaliado na França em 17 mil euros por pessoa, mas ainda menos o de legar um mundo que será, por nossa falta de rigor e de coragem, um mundo de corporativismos, de egoísmos reforçados, de desemprego e conflitos permanentes. Ou seja, um mundo em que será infinitamente mais difícil se encontrar um caminho e conduzir bem a vida do que esse que nós tivemos.

Em outros termos, o painel de sentidos que se deve mobilizar hoje — e que a história da vida privada na idade democrática justifica perfeitamente — reside na idéia de que os sacrifícios necessários para repor em ordem o Estado não visem fazer "o sistema funcionar" melhor (o que pouco interessa às famílias que, em foro íntimo e não sem razão, acham que ele privilegia os ricos antes de tudo), mas

O que fazer?

sim proteger o futuro dos nossos próximos. "Faça por seus filhos!": é a palavra de ordem em matéria de déficit público, pelo menos tão legítima, em ocorrência, quanto se referisse à ecologia ou à União Européia. É este o bom eixo, o que pode falar a nossos concidadãos, também aquele em torno do qual podemos nos reagrupar, e isso por uma razão que nada tem da trivialidade que se poderia imaginar.

Se pensarmos nisso com alguma honestidade, precisamos realmente confessar que entramos num mundo em que nenhuma solidariedade — repito: *nenhuma* — liga as profissões e as corporações entre si. Tentando dizer isso de forma ainda mais simples, com uma anedota: eu estava reunido com uma assembléia de pesquisadores em greve, quando se espalhou pela sala o boato de que o Primeiro-ministro acabava de liberar 3 bilhões de euros para o setor de restaurantes. Não há como dizer que se pudesse sentir ali o mínimo ar de solidariedade com os bistrôs! De qualquer maneira, a recíproca teria sido verdadeira, e isso em todos os níveis. A solidariedade, no entanto, sem a qual projeto político nenhum é viável, pressupõe, para usar um vocabulário teológico, que se "saia de si", que se aceitem, caso necessário, certas formas de sacrifício. Nos dias atuais, se pesarmos bem, este último só se torna realmente óbvio quando se aplica aos nossos próximos. Diga-se o que for e onde for, em geral os pais amam seus filhos, e estes curiosamente retribuem esse amor. Sem dúvida alguma, é o laço mais forte de todos, o único talvez a levar ao esquecimento de si, e também o único que, por extensão, por simpatia, nos torna sensíveis aos outros, àqueles que não conhecemos, mas com os quais nos sentimos pelo menos em parte solidários, sobretudo em certos casos, quando estão em perigo. É o que se deve, creio, levar em consideração quando se evocam as questões cole-

127

Famílias, amo vocês

tivas e públicas que afetam os laços entre as gerações, como evidentemente é o caso em relação à dívida.

Há mais de 25 anos, no entanto, a política francesa demonstra, nesse plano, demagogia tanto quanto irresponsabilidade. Mesmo nos últimos tempos, quando o leitmotiv dos governos de direita era a redução da dívida e os discursos dos ministros da Economia sobre o tema eram impecáveis, a realidade representava o contrário das palavras: a direita continuou, imperturbavelmente, a escavar a dívida, sobretudo aumentando maciçamente o emprego público e o emprego assistido, procurando ser perdoada de ter minimamente tentado ser, por um momento, liberal. Essa irresponsabilidade é hoje insuportável. É inútil, contudo, querer esconder: consertar os estragos já causados por anos deixando correr as coisas exigirá das próximas equipes governamentais habilidade, mas também uma coragem política fora do comum. Não se pode então ter certeza quanto a isso, e o declínio se torna uma hipótese cada vez mais plausível. De fato, não basta decretar à toa ou em algum relatório que não se devem renovar os cargos de um em cada dois ou três funcionários que se aposentem: é preciso, além disso, ser capaz de dizer com clareza *onde* essas reduções de efetivo vão ocorrer, *como* poderão ser postas em andamento, sem degradação dos serviços públicos, e com base em que reforma do Estado elas serão possíveis.

Tanto na direita quanto na esquerda, uns tolos achamse espertos, afirmando ser secundária a questão da dívida, ou tratar-se de um pseudoproblema, já que, de qualquer forma, ela "nunca será paga"! É uma fórmula tão idiota que eu não teria prestado a mínima atenção, até vê-la ganhando adesões... de boa parte dos parlamentares da atual oposição, mas também de certa fração da direita chiraquiana, sempre disposta a continuar na demagogia. Procuram, desse modo,

O que fazer?

nos anestesiar com uma manobra que infelizmente às vezes convence os mais bobos. A realidade, entretanto, é literalmente inversa ao truque de mágica com que se quer transformá-la: a verdade não é que *nunca* pagaremos a dívida, mas que a estaremos *todo dia* pagando, nos sentidos próprio e figurado da expressão. O que não é tão alentador, se pensarmos nos juros pagos desde já, todo ano, àqueles que concretamente emprestaram dinheiro nos mercados financeiros, tragando a quase totalidade do imposto de renda. Se isso não irrita os tais bobos em questão, se estiverem contentes em dar todo ano, a fundo perdido, seus impostos unicamente para pagar a má gestão e a demagogia acumuladas em apenas 25 anos, tudo bem. Quanto a mim, confesso que isso me irrita bastante, sobretudo quando penso estar amplamente contribuindo para deixar aos nossos filhos um mundo de ódio, de conflitos sociais e impotência pública.

Mas isso não é tudo: a dívida não é uma calamidade apenas no plano econômico, que nos pesa em matéria de emprego e prepara um mundo mais difícil e menos agradável de se viver; ela é também um desastre no plano estritamente político. Quando o caixa do Estado está vazio, ou até tragicamente no negativo, nada mais é possível sem se buscarem margens prévias de manobra financeira, com ações que invariavelmente, ou quase, levam os sindicatos às ruas. Imaginemos, por exemplo, que se queira, como atualmente e não sem razão desejam alguns, criar um serviço cívico e civil obrigatório, que permita restabelecer uma confluência republicana e fazer com que os jovens compreendam que a cidadania não é feita apenas de direitos, mas comporta também deveres. Pode-se discutir, é claro, se o momento é oportuno para tal decisão. O que é certo, porém, é que isso custaria de imediato, já no primeiro ano, mais de 5 bilhões

Famílias, amo vocês

de euros ao Estado*... e ele simplesmente não os tem! Em um ministério como o da Educação — já expliquei por que ele vem a ser o "cliente número um" do Planejamento — o déficit orçamentário é vivenciado no cotidiano como permanente impedimento para inovações e reformas. Em toda ocasião o problema se coloca, mesmo quando as idéias são boas: como financiar? E toda vez as coisas só podem ser feitas, na melhor das hipóteses, por "priorização", dentro do mesmo orçamento, o que limita terrivelmente a imaginação e as capacidades de ação, pois devem-se eliminar dispositivos existentes — criando descontentes — em prol da criação de novos. Em outras palavras, a dívida é primeiro e antes de mais nada um problema político: quando ultrapassa o limite aceitável, como é o caso atualmente, ela pura e simplesmente organiza *o fim do político, em prol do orçamentário*. A impotência pública, já amplamente comandada pela globalização e pela generalização da lógica do ibope, cresce ainda mais, contribuindo para transformar os ministérios em puras e simples agências de comunicação, que largam o projeto de mudança do real, em favor da exclusiva preocupação com a imagem que se quer dar...

Todo mundo, no entanto, deveria compreender que se não resolvermos, por nós mesmos, problemas como o da dívida, estaremos escolhendo deixar para nossos filhos um mundo que não será apenas mais duro no plano econômico, mas também mais conflituoso no plano social, um mundo inscrito em uma história que, pela primeira vez em décadas, não será mais aquela do progresso, mas sim a da regressão, de uma geração a outra.

É algo, creio eu, que ninguém deve aceitar.

---

* Ver, quanto a isto, o texto produzido no Conselho de Análise da Sociedade, pelo Almirante Béreau, *Faut-il instituer un service civil obligatoire?* (Deve-se estabelecer um serviço civil obrigatório?), La Documentation Française, setembro de 2006.

Conclusão

O gênio europeu

Contrariamente ao que uma visão superficial da política leva a crer, a história da vida privada não deixa então de estar ligada à esfera pública. Inclusive está em vias de literalmente revolucionar seus dados mais fundamentais. E faz isso bem debaixo dos nossos olhos, sem que, entretanto, tomemos suficientemente consciência para traduzir em projetos e programas os imperativos gerados por essa nova etapa do jogo. No entanto, o leitor deve ter observado que essa história é de início e antes de tudo — para não dizer exclusivamente — a nossa: no essencial, trata-se de uma intriga que nasceu na Europa, mesmo que hoje em dia afete muitos outros países, indo da Austrália à América do Sul e passando, é claro, pela do Norte. Apesar do que se diz, e dos estúpidos e permanentes incentivos ao arrependimento de todo tipo, nossas democracias inventaram um modelo de sociedade propriamente *genial*, uma criação social-histórica singular que oferece um misto de liberdade e inteligência, de inovação e bem-estar a que nada, na história nem na geografia, jamais se igualou até hoje.

Para se convencer disto, apenas façam a seguinte experiência mental: ler ou reler os utopistas do século XIX, como

Famílias, amo vocês

Saint-Simon, Leroux e Fourrier, por exemplo... Ou, melhor ainda, peguem o velho Victor Hugo e *Os Miseráveis*. Mesmo em seus sonhos mais loucos, nenhum deles se atreveria a pensar, por um segundo, uma décima parte (o que estou dizendo?), uma centésima parte daquilo que cada um de nós dispõe ao nascer na Europa de hoje, em termos de liberdade de ir e vir, expressão, direito à educação, à contestação, à cultura, à saúde, ao lazer etc. Imaginem por um momento se tivessem dito a Hugo que, no século seguinte, o ensino e a medicina seriam gratuitos, acessíveis até aos mais pobres e aos estrangeiros. E que os operários teriam aposentadoria e férias pagas, que a liberdade de opinião estaria garantida e ninguém mais correria o risco de ter que se exilar na ilha de Guernesey ou em qualquer outro lugar por ter criticado o governo. Que ninguém mais trabalharia setenta ou oitenta horas por semana em fábricas insalubres e sim 35, em locais mais convenientes. Que máquinas voadoras levariam todos a descobrir o vasto mundo em tempo recorde, por preços afinal acessíveis à maioria, e que uma estranha janela aberta todas as noites em milhões de lares traria, a quem quisesse, meios de se informar e de assistir — ou até participar — a debates de idéias contraditórias ou ouvir os próprios autores comentarem livros ou peças de teatro... Ele certamente daria uma gargalhada e diria que estavam loucos. Vejamos ainda as utopias da metade do século XIX, a dos saint-simonianos, por exemplo: sequer as mais audaciosas chegaram, em matéria de liberdade dos costumes e de justiça social, aos pés do que nossas democracias européias nos oferecem à vontade e que começam a nos cansar tanto. Como ricos obesos que não agüentam mais a abundância cotidiana, parecemos desprezar as principais conquistas da Europa. A paz com que nossos pais, avós e bisavós tanto sonharam? Puff! Os direitos huma-

Conclusão

nos, que são desrespeitados — é o mínimo que se pode dizer — em quase todos os outros países do mundo? Não estamos nem aí! A prosperidade, inigualável, se a compararmos no tempo e no espaço — mas com que mais comparar? Ergh! Deveríamos estar um pouco mais animados...

Aceitar a autoflagelação depressiva é um absurdo, além de ser suicida. Por que, por exemplo, criar um museu do arrependimento e estabelecer nas escolas um "dia da escravidão", que acaba de ser instituído na França — uma comemoração a mais, e a escola já estava saturada disso —, senão para levar uma vez mais alunos e professores a cobrirem a cabeça com cinzas, evocando os tempos sombrios da colonização? Há nisso alguma utilidade? Pois, na verdade, a Europa — e a França em particular — pode até se gabar de ter acabado com uma prática, de fato abjeta, mas que foi abolida por vontade sua em nome dos novos princípios adotados após a Revolução Francesa, sem qualquer pressão externa. Decisão ainda mais admirável se considerarmos que a escravidão ainda existe hoje, sobretudo na África e em certos países muçulmanos, praticada em grande escala e sem que se pense, por um segundo sequer, instituir qualquer data de penitência que seja. O autocontentamento dogmático é certamente insuportável, e a autocrítica é uma excelente coisa, da qual, aliás, a Europa pode se orgulhar. Mas o ódio por si mesmo, não, e creio que a França de hoje já ultrapassou essa etapa.

A verdade é que a criação social-histórica única e insubstituível, encarnada por nossas sociedades européias, encontra-se hoje ameaçada por todos os lados, a começar pelo plano demográfico. É como a chama infinitamente frágil de uma vela exposta a ventos vindos de todos os horizontes. Em vez de protegê-la com nossas mãos em concha e com mil cuidados, ajudamos a soprá-la. Se quisermos conservar

Famílias, amo vocês

e melhorar o modelo europeu, que é o nosso, torná-lo mais justo, combater as desigualdades que ainda o corroem, é preciso começar a parar com o insano masoquismo que as diversas faces da desconstrução incessantemente alimentaram na segunda metade do século XX e que a extrema esquerda atual continua a incansavelmente sustentar.

Por isso também me parece indispensável retirar a nossa famosa concepção da idéia republicana — com o universalismo e o anticomunitarismo nela embutidos — das nostalgias de paraísos perdidos, reinscrevendo-a, enfim, na dimensão do futuro. Esta última engloba, ao mesmo tempo, uma certa concepção dos Direitos Humanos, diferente daquela dos amigos ingleses e americanos, mas também uma idéia específica da laicidade — ambas ligadas à convicção, expressa na grande Declaração de 1789, segundo a qual o ser humano tem direitos independentemente, ou melhor dizendo, *abstraindo-se*, de todos os seus laços comunitários: para os primeiros republicanos da França, não era o vínculo a uma nação, língua, etnia, religião ou cultura que garantia direitos, mas os homens em geral; abstraindo-se todos os seus vínculos, deviam ser respeitados como tais, como seres humanos "nus", mesmo que sem raízes ou apátridas. Era essa a idéia francesa, e é fácil compreender por qual viés nela se embutia uma certa concepção da laicidade: se quisermos que uma coexistência pacífica das religiões seja possível e que elas parem de estar em guerra como estão em quase todo lugar, é preciso que o Estado seja neutro a respeito desse assunto, que não haja teologia oficial e, reciprocamente, que o cidadão representando esse Estado — o professor, o policial, o funcionário em geral — também aceite tal neutralidade.

Ainda hoje essa idéia me parece bela e justa. Não vejo qualquer razão para colocá-la em questão. Apenas se deve

Conclusão

parar de apresentá-la sob forma de nostalgia, de volta aos "bons e velhos tempos", com sua inevitável procissão de aventais escolares, quadros-negros, uniformes e tinteiros de vidro com tinta roxa. A república não é e não deve ser um museu, nem um paraíso perdido. Desde os tempos gloriosos do seu nascimento, muito aconteceu na vida social, cultural e política, que tornam qualquer projeto de retorno tão absurdo quanto danoso. As comunidades de hoje não são as de ontem (o islã não estava presente na Europa, e isso é apenas um detalhe); novos agentes sociais surgiram na história, a começar pelas mulheres e pelos jovens; novas problemáticas nasceram, importadas ou não do exterior (os direitos coletivos, a proteção das minorias, o multiculturalismo etc.), que não podem ser afastadas com um gesto da mão. Se quisermos então, como espero, permanecer republicanos e manter, nesse sentido, a idéia francesa da laicidade, devemos integrar esses dados inéditos sem recusá-los em prol de algum ideal de nova Restauração que, felizmente, aliás, nunca há de acontecer.

Em outras palavras, o que a Europa, com o seu ideal laico indissoluvelmente democrático e republicano, tem de grandioso, de realmente admirável, certamente não está ligado às entidades sacrificais que ela por outros caminhos inventou e bem inoportunamente legou ao restante do mundo. Este último, aliás, sem dúvida alguma teria vivido melhor sem a herança dos nacionalismos exacerbados, da revolução proletária e dos dois monstruosos totalitarismos engendrados. Pelo contrário, o que é propriamente genial nessa Europa é que ela, sob a influência do capitalismo e do regime salarial dele inseparável, criou a emancipação dos indivíduos com relação aos comunitarismos tradicionais. É essa emancipação que a história da família moderna confirma, com a invenção da vida privada, que ela ao mesmo tempo representa e

Famílias, amo vocês

consagra. É por ela que o humanismo pós-moderno ou pós-desconstrutor tem, enfim, acesso à sua conceituação e exige, pela primeira vez na história dessa humanidade que até então só conhecera o inverso disso, um sistema político finalmente a serviço dos indivíduos, uma democracia preocupada com o sucesso e o crescimento pessoal do maior número possível de vidas. Este é o gênio da Europa, gênio ao qual a França trouxe, no passado, uma contribuição maior.

Em nossa vida política, no entanto, essa revolução humanista não está realmente presente nem foi entendida, de modo que só consegue modificar os programas e as atitudes marginalmente, enquanto deveria estar no centro de tudo. Já comentei o quão freqüentemente estamos tomados pela nostalgia das antigas utopias e nos preocupamos, como a consciência infeliz, mais com o que perdemos do que com o que ganhamos. Mas percebo duas outras razões para essa mutação das relações privado/público ser sempre mais ou menos recalcada.

Pelo lado dos políticos em exercício primeiramente, porque as obrigações da profissão são tais que praticamente não deixam espaço algum para a reflexão dos objetivos mais profundos. Em qualquer grande ministério — um ministério com um orçamento real e uma verdadeira organização administrativa, e não algum decorativo secretariado de Estado — os imperativos de gestão ocupam a quase totalidade do tempo disponível. Quanto ao que sobra, já reduzido ao mínimo, deve ser usado antes de tudo na descoberta de riscos de todo tipo (políticos e outros) e para isso é preciso obedecer aos imperativos da comunicação que se tornam, independentemente de qualquer narcisismo, totalmente invasivos. Não há quase espaço algum para a elaboração — e menos ainda para colocá-los em funcionamento — de projetos que

Conclusão

possam seriamente contribuir para o embelezamento da vida cotidiana de nossos concidadãos. Um ministro da Saúde, para citar um exemplo entre tantos, precisa antes de tudo se ocupar do "buraco da previdência" e dos demais déficits que podem implodir o sistema. Além disso, em termos de pura gestão, ele tem mil outras preocupações, que podem ir da reforma dos estudos de medicina ao atendimento dos males causados pela lei das 35 horas semanais nos hospitais, passando pelo exame das reivindicações das diferentes categorias profissionais que dependem da sua pasta. Depois ele deve tranqüilizar, custe o que custar, seus concidadãos contra os riscos que estão indiscutivelmente sob sua custódia. Gripe aviária, *chikungunya*, propagação do HIV, ameaças de ondas de calor, luta contra o tabagismo, o alcoolismo, epidemias de todo tipo, serviços de emergência saturados: não faltam motivos de preocupação, que se traduzem por inúmeras audiências e reuniões de trabalho, acompanhadas pela leitura obrigatória de uma tonelada de relatórios técnicos. Podem estar certos de que o menor passo em falso, em qualquer desses assuntos delicados, não será perdoado. E o ministro é também um político, tendo que enfrentar alguns conflitos sociais, receber regularmente grevistas e sindicatos, responder às questões em pauta no Parlamento, ser sabatinado por comissões e participar de inúmeras reuniões mais ou menos formais, entre as quais o conselho de ministros é apenas a mais visível. Acrescente-se que ele precisa evidentemente também se ocupar com a vida de seu partido, com sua antiga ou futura circunscrição eleitoral, com os preparativos das eleições municipais, regionais, nacionais... E, acima de tudo, acima de todos esses assuntos e outros mais, ele imperativamente tem que se esforçar ao máximo em co-mu-ni-car! Se quiser ter sucesso na vida política, ele precisa ser seu próprio diretor

Famílias, amo vocês

de cena, roteirizar suas atuações, criar acontecimentos midiáticos. Não tenham dúvida, os mesmos que freqüentemente, na mídia, taxam de notório imoralismo os que dela tiram proveito nunca deixam de criticar, quando podem, sua "má comunicação" sobre esse ou aquele caso, sua falta de pedagogia, de diálogo social, de carisma etc.

Como poderia, em tais condições, mesmo com o maior talento do mundo, ainda encontrar tempo e, mais ainda, motivações necessárias para engendrar um "grande objetivo"? Se tiver administrado bem seu ministério, já devemos lhe agradecer muito. E, no entanto, não basta. Seria normal que, com outros membros do governo, mas também com os secretários de Estado encarregados do atendimento a famílias e deficientes, ele possa trabalhar sobre as metas finais do seu mandato não com 10%, mas com 100% da sua capacidade, inventando — pois nada vem isolado, nem é dado de antemão — novos projetos e soluções inéditas que realmente permitam retirar os obstáculos que atrasam a vida dos concidadãos no que diz respeito a creches, a asilos para aposentados, à escolaridade para crianças deficientes etc. É claro, ele *também* se ocupa disso, mas sempre mais ou menos por meio de sua equipe, delegando o quanto pode as funções, *porque tais assuntos que poderiam dar um sentido às suas ações e deveriam ser absoluta e incondicionalmente centrais não passam, às vezes, na vida cotidiana do ministério, de temas relegados à margem em relação à proliferação dos incontornáveis imperativos técnicos que acabei de evocar.* A meu ver, é onde a vida política atual comete seu maior erro. Pois esse exemplo serve como imagem para todo o resto, e há muito a se fazer para colocar as coisas em seu lugar, para que aquilo que deve estar no centro, ou seja, o que libera as potencialidades da vida individual e não o que apenas resolve as necessidades de

Conclusão

gestão dos sistemas, não esteja mais à margem, e vice-versa. É esta, pela ótica do humanismo, a única revolução política que vale a pena, e ela é enorme.

Ainda mais porque, do ponto de vista dos próprios cidadãos, o elogio da vida privada também não gera nenhum sucesso de bilheteria, e isso por uma razão que é sempre desagradável lembrar, apesar de bem real: o cotidiano pode simplesmente não ser tão bem-sucedido quanto poderia e deveria ser. Tedioso ou banal, limitado à lógica do "ônibus-trabalho-cama" ou, inclusive, francamente estreito, nostálgico, culpado ou doloroso, não se vê por que mobilizá-los mais. Assim sendo, apresentar, como fiz aqui, a esfera da intimidade como modelo, ou pelo menos como uma espécie de bússola, para elaborar grandes projetos políticos, pode parecer verdadeira loucura, ou até uma terrível ameaça de reducionismo da questão. Quando se tem dentro de casa a sensação de que a "vida de verdade está lá fora", a sagração da vida privada só pode mesmo afugentar. E é por isso, devo confessar, que quem faz apelo à esperança, clamando em alto e bom som a necessidade de "trazê-la de volta", ressuscitando as utopias mortas ou lançando mão dos seus equivalentes hoje, sempre me inquieta bastante. Esse apelo à *evasão* parece-me bem suspeito. A sabedoria dos antigos estóicos, que diziam aos discípulos para esperar um pouco menos e amar um pouco mais, parece-me em todos os pontos preferível, em vez de delírios surgidos a partir de existências infelizes e sem sentido. Baseado no processo que Nietzsche tão profundamente descreveu em sua análise do niilismo, desconfio de que os que rechaçam o mundo real em nome de entidades grandiosas — revolução altermundialista ou República ideal — querem reinventar algum ídolo bem sanguinário, alguma utopia bem dura e mortal para escapar do ramerrame cotidiano, para não

Famílias, amo vocês

ter que se preocupar mais intensamente com isso. Nietzsche tinha razão: é sempre de vidas fracassadas que nascem os mais belos sonhos. Belos na aparência, mas que se tornam pesadelos assim que se procura encarná-los. Pois, no fundo, por que me interessariam esses ideais pretensiosos e vãos com os quais ninguém consegue se identificar, a não ser em seu fundo de infelicidade pessoal? Por que me interessar pela Pátria se quem eu amo ou poderia amar não se inclui nela? Pela Europa, se ela permanentemente me renega, por ter se tornado uma "coisa"; ou pela contracultura revolucionária e antiliberal, se ela só serve para martirizar os pobres coitados que tiveram a infelicidade de se aproximar dos seus turbilhões venenosos? Ouso dizer que infinitamente dou mais importância ao sucesso de uma só criança do que ao restabelecimento dos uniformes e aventais escolares que querem justificar em nome da luta contra as grifes, mas cujo verdadeiro objetivo é o de recuperar, por meios inapropriados, um pouco do poder perdido sobre os alunos.

Receio que os inventores de grandes objetivos superiores ao indivíduo tenham não só estragado suas vidas, mas que também queiram, com uma gana vindicativa à altura apenas da própria teimosia na ilusão, envenenar as dos outros. A promulgação dessas falsas transcendências, em nome das quais se declara sem pestanejar que o real não vale nada, invariavelmente serve como álibi. Desconfiem deles; como também dizia Nietzsche, são uns "peçonhentos". Pois é sempre, mais uma vez, no veneno do fracasso e da frustração que se mergulha a pena com que são escritos os grandes relatos políticos desconectados dos homens e sempre dispostos a sacrificá-los. Assim, sem se atreverem a dizer claramente que a vida cotidiana não vale grande coisa, fingem ter o olhar no vazio, procurando o céu e não a terra... É preciso, para

Conclusão

além dos fantasmas e vaidades, ter tido a sorte de poder se dar conta do quanto ela vale, quando é minimamente bem-sucedida, para se conseguir entender a irritação que naturalmente causam, em qualquer autêntico humanista, os inchaços metafísicos e políticos desses velhos utopistas, desgostosos do trotskismo, do castrismo ou do maoísmo e rapidamente reconvertidos a um republicanismo *new look* que, carente de um sentido na realidade, pelo menos lhes permite continuar brincando de bicho-papão e se manterem fiéis ao antiliberalismo da juventude. Uma estratégia que tem, afora isso, o mérito de justificar a seus olhos as razões, naturalmente excelentes, pelas quais detestam o real tal como ele se apresenta, o mundo moderno que os cerca, bem como as pessoas que se sentem bem ou, pelo menos, melhor do que antes. Desconfiem então...

Felizmente, a revolução da vida privada está em marcha e, exceto por uma catástrofe exógena, nada há de detê-la. A nova atitude, que eu disse ser a minha opção e que, como puderam compreender, é cheia de otimismo, pois pára finalmente de ficar chorando a morte das utopias e se dá ao luxo, nesses tempos desencantados, de amar esse mundo que começa mais do que aquele que está passando; essa atitude, estou convencido disso, tem um belo futuro. Se, aliás, procurássemos um princípio capaz de ligá-la às figuras mais imponentes da política clássica do passado, acho que poderíamos formulá-lo simplesmente assim: uma república e uma laicidade à francesa, sim, sem dúvida alguma, mas finalmente reinscritas no futuro, no *após* do século das desconstruções e da emancipação da vida privada, não na nostalgia dos bons e velhos tempos, nem no ressentimento alimentado pelo ódio patológico do universo liberal.

Conheça mais sobre nossos livros e autores no site
www.objetiva.com.br

Disque-Objetiva: (21) 2233-1388

markgraph

Rua Aguiar Moreira, 386 - Bonsucesso
Tel.: (21) 3868-5802   Fax: (21) 2270-9656
e-mail: markgraph@domain.com.br
Rio de Janeiro - RJ